Eduard Heyck

Kaiser Maximilian I

Eduard Heyck

Kaiser Maximilian I

ISBN/EAN: 9783744612449

Hergestellt in Europa, USA, Kanada, Australien, Japan

Cover: Foto ©ninafisch / pixelio.de

Weitere Bücher finden Sie auf **www.hansebooks.com**

Monographien zur Weltgeschichte

In Verbindung mit Anderen herausgegeben

von

Ed. Heyck

V

Kaiser Maximilian I

Bielefeld und **Leipzig**

Verlag von Velhagen & Klasing

1898

Kaiser Maximilian I

Von

Ed. Heyck

Mit 4 Kunstbeilagen und 142 authentischen Abbildungen

Bielefeld und Leipzig

Verlag von Velhagen & Klasing

1898

Von diesem Werke ist für Liebhaber und Freunde besonders luxuriös
ausgestatteter Bücher außer der vorliegenden Ausgabe

eine numerierte Ausgabe

veranstaltet, von der nur 100 Exemplare auf Extra-Kunstdruckpapier
hergestellt sind. Jedes Exemplar ist in der Presse sorgfältig numeriert .
(von 1—100) und in einen reichen Ganzlederband gebunden. Der
Preis eines solchen Exemplars beträgt 20 M. Ein Nachdruck dieser
Ausgabe, auf welche jede Buchhandlung Bestellungen annimmt, wird
nicht veranstaltet.

Die Verlagshandlung.

Kaiser Maximilian I. Ölgemälde von Albrecht Dürer in der K. u. K. Gemäldegalerie in Wien.
Nach einer Originalphotographie von J. Löwy in Wien.

Zu Innsbruck in der Hofkirche befindet sich ein merkwürdiges Grabdenkmal. Es füllt anspruchsvoll das Hauptschiff aus und läßt der Kirche als Raum eine eigene Selbständigkeit nicht mehr übrig. So wie es dasteht, hat es derjenige ausgedacht, der darin zu ruhen beabsichtigte, der Kaiser Maximilian I. Freilich, als er im Jahre 1518 vor die Thore von Innsbruck kam, um dort zu sterben, ließen sie ihn nicht ein und sagten: er habe längst allzu viel Schulden bei ihnen gemacht, sie könnten's nimmer aufbringen. So zog der Todkranke weiter, und das großartigste und kostbarste Grabdenkmal, das je für einen Kaiser des heiligen römischen Reiches begonnen worden war, blieb leer. Doch, ob auch der Kaiser an anderer Stätte begraben ward und blieb, ist es weitergebaut und im Laufe des XVI. Jahrhunderts langsam vollendet worden.

Der Besucher der lieben und schönen Hauptstadt Tirols entbehrt somit, wenn er vor dem Kenotaph verweilt, allerdings die für die anteilvolle Betrachtung eines Grabmals eigentlich notwendige Vorstellung, sich gewissermaßen in der Gegenwart des Toten zu befinden. Trotzdem übt das Denkmal eine bedeutende Wirkung, es geht von ihm ein Zwang zur Bewunderung des Helden aus, eine zugleich ästhetisch gehobene und halbphantastische Stimmung nimmt den Beschauer gefangen und entrückt ihn in die Nähe und in das unmittelbare Verständnis des seltsamen, hier verherrlichten Mannes.

Droben auf dem hohen Sarkophag aus Erz und rötlichem Tiroler Marmor kniet der Kaiser im schweren Krönungsornat, in vornehm gedachter Teilnahmlosigkeit gegen das Umher, mit seinem Gott im Gebet allein. Die vier Kardinaltugenden umgeben ihn (Abb. 1). Die Seitenwände des Monuments geben Raum für 24 Relieftafeln aus elfenbeinzartem carrarischem Marmor, auf denen des Kaisers rühmlichste Thaten und wichtigste Lebenstage in figurenreicher Feinarbeit wirkungsvoll erzählt sind. Sie sind bis auf drei das Werk des Alexander Colins (1536—1612) aus Mecheln, der just die Bildhauerarbeit am Heidelberger Ottheinrichsbau vollendet hatte, als man ihn nach Innsbruck berief. Jene drei rühren von den Kölner Meistern Bernhard und Albert Abel her, deren Bruder Florian für das Ganze die Vorlagen entworfen hat und der also der Schöpfer des inhaltlichen Teiles ist. Sowohl die Leistung der Abel wie des Alexander Colins hat zu allen Zeiten in wohlverdienter Achtung gestanden, genauere aufklärende Forschungen darüber verdanken wir erst neuerdings D. v. Schönherr in Innsbruck.

Das Sonderbare aber bei diesem Denkmal, das, was so phantastisch wirkt, ist das Weitere. An den beiden Seiten des gitterumschlossenen Denkmals entlang und vorbei, frei und groß wie lebendige Menschen, stehen im ganzen Längsschiff der Kirche eherne Personen (Abb. 2—8). Maximilian hat sie ausgewählt als die, die ihm von Zeitgenossen und historischen Namen die liebsten und verehrtesten waren. Freilich so hoch standen auch sie diesem vom Traume der eigenen Unerreichbarkeit emporgetragenen Kaiser nicht, daß er sie nicht alle zu einer Art Hofdienst um sich versammelt hätte. Sie bilden eine ceremoniöse Leichenwache am Grabmal, und ihre metallenen Hände sind bereit, bei den Seelenämtern des Kaisers die Fackeln zu halten. Vertreten sind in diesem historischen Figurenkabinett, wie man es nennen könnte, Maximilians männliche und weibliche Ahnen und nächste Verwandte, 23 an der Zahl, und dann diejenigen Helden der Geschichte, die auf ihn den größten Eindruck gemacht hatten. Da sehen wir auch Chlodwig, den rücksichtslosen, aber gewaltigen und schöpferischen Gründer und Ahn des fränkischen Reiches und deutschen Königtums, erblicken Gottfried von Bouillon, die Blume

der Ritterschaft, den Kreuzfahrer und Beschützer des heiligen Grabes. Alle diese großen Herren und Damen aus ferner und naher Zeit sind von ihren uns nur teilweise bekannten Meistern zwar geschickt und ordentlich, aber doch mehr nüchtern und steif gebildet worden, sie stehen etwa da, als hätte man schöne Rüstungen und Brokatgewänder mit Metall ausgegossen. Aber zwei noch nicht genannte unter diesen Figuren am Grabe zu Innsbruck heben sich künstlerisch bedeutend von allen andern ab, sie prägen sich dem Gedächtnis sofort auf immer ein, und man denkt an sie zurück wie an poetische Menschen, die man in einer Gesellschaft von ängstlich korrekten Normaltypen getroffen hat. Es ist so gut wie gewiß, daß sie i. J. 1513 von dem auch sonst am Denkmal thätig gewesenen Peter Vischer, dem berühmten Nürnberger Meister, modelliert worden sind. Diese beiden sind König Theodorich oder Dietrich von Bern und König Artus, der Herr der Tafelrunde.

Artus und Maximilian! Der erste und der letzte Ritter! Beide die liebevoll aus-

Abb. 1. Grabdenkmal Maximilians in der Hofkirche zu Innsbruck.
Nach einer Photographie von Fritz Gratl in Innsbruck.

Abb. 2. Inneres der Hoftirche zu Innsbruck.
(Nach einer Photographie von Friß Gratl zu Innsbruck.)

gestatteten Helden weltlicher Volkslegenden, aber sehr viel weniger auch die der Geschichte. Letztere ist ja nur selten in der Lage, die Lieblinge der Tradition auch zu ihren besten Namen zu rechnen. Der wälische Artus verschwimmt in schattenhaften Nebel und nur der kahle Name ist übriggeblieben, nachdem das Präpariermesser der historischen Kritik Wahrheit von Wucherung befreit hat. Auch noch eines sonstigen Großen von diesem Denkmalsgeleite Ruhm ist zerpflückt worden und dahin, Gottfrieds von Bouillon; wir wissen seit nunmehr einem halben Jahrhundert (durch H. v. Sybel), wie weit er hinter den wirklichen Helden des ersten Kreuzzuges, den Boemund und Balduin, selbst Raimund, zurückstand, welch' ein Verlegenheitskandidat für die Regentschaft zu Jerusalem und welch' schwacher Beschützer des heiligen Grabes er war, und wie nur das Bedürfnis Nachlebender und der Kreuzfahrer selber, den ersten amtlichen Herrn im heiligen Lande zu rühmen und von ihm zu erzählen, ihn groß gemacht hat. Und so vermag die Ehrlichkeit der Wissenschaft auch

nicht zuzugeben, daß Maximilian als Staatsmann und Regent bedeutend oder von hervorragendem allgemeinen Verdienst, noch daß er als Mensch wahrhaft bewundernswert gewesen sei. Ach nein, er war durchaus kein Chlodwig oder auch nur Theoderich, und leider fühlt man viel eher die Verwandtschaft walten, wenn man wahrnimmt, daß unter den Gestalten an diesem Gedenkmal in ungewollter Ironie auch — Friedel mit der leeren Tasche steht, der preiswürdige Schöpfer des goldenen Dacherl und vielbenötete Herzog von Tirol und Vorderösterreich!

Eine andere Sache aber ist es, wenn die Wissenschaft willig und gern anerkennt, wie vieles in Maximilian liebenswürdig und tüchtig war, und wenn sie die ungemeine Popularität dieser in jeder Richtung interessanten Königsgestalt berücksichtigt, sie zu verstehen und zu erklären unternimmt. Man hört oft die legendenzerstörende Thätigkeit der historischen Kritik im gebildeten Publikum ästhetisch bedauern. Das ist nicht richtig und nicht recht. Wir wollen uns gar nicht

1*

darauf berufen, wie unvergleichlich viel mehr neues, zum nacherlebenden Genuß und zur Herzenserhebung mit Wahrheit geeignetes Material die Geschichte als Ersatz desjenigen schon wiedergegeben hat, was sie zu nehmen scheint. Sie nimmt eben nicht. Sie zieht nur um der Reinheit ihrer Aufgaben willen, die höher sind, die Scheidelinie zwischen objektiver Wahrheit und erklärender, ablenkender oder umgestaltender Überlieferung. Mehr beabsichtigt sie nicht; es wäre ein falscher und subalterner Eifer, wollte sie liebevoll gehegte Erinnerungen gänzlich austilgen, anstatt deren auf anderen sittlichen Gebieten liegenden Wert zu erkennen und zur richtigen Einschätzung zu bringen. Und überdies — man wird ja nicht falsch verstehen —: es gibt Wahrheiten, die es im einzelnen nicht, im ganzen doch wieder sind.

Ob letzterer Satz auch für das Angedenken, das Maximilian hinterlassen hat, völlig zutrifft, mag fraglich bleiben. Jedenfalls aber entspricht dieses hinterlassene Bild, wenn irgend eines, demjenigen, das er selber hervorzubringen wünschte und bemüht war. Seine Persönlichkeit und sein Regentenberuf identifizieren sich nicht ganz. Gar mancherlei trieb und arbeitete in diesem Kaiser, wovon kein Kurfürst oder Staatsmann, kein Chronist damaliger Zeit etwas zu bemerken veranlaßt war und was mit der Regierung seiner Länder nichts zu thun hatte, Dinge, die daher bei einer ausschließlich politisch-geschichtlichen Betrachtung gar leicht übersehen werden könnten. Aber zum wirklichen Volke heraus sind diese seine Neigungen und Liebhabereien, sind die ganz persönlichen Eigenschaften seines Wesens auf unsichtbaren Wegen gedrungen, dort hat man immer verstanden und verehrt, wie seine besten Gedanken unablässig auf das Heldenmütige und Ideenhafte gerichtet waren. Und so haben naive Anschauung und unmittelbar berührte Empfindung das liebevolle Bild von ihm gestaltet, das die Jahrhunderte überdauert hat und ganz folgerichtig viel mehr von dem sympathischen

Abb. 3. Habsburgergruppe vom Denkmal in der Hofkirche zu Innsbruck: Kaiser Albrecht II. (links), Kaiser Friedrich III., Herzog Leopold der Fromme, Graf Rudolf, Herzog Leopold III., Herzog Friedrich. König Albrecht I. (dann Gottfried von Bouillon). (Nach einer Photographie von Fritz Gratl in Innsbruck.)

Abb. 4. Statuengruppe in der Hoftirche zu Innsbruck:
Chlodwig (rechts), Philipp der Schöne, Rudolf von Habsburg, Albrecht der Weise.
(Nach einer Photographie von Fritz Gratl in Innsbruck.)

Menschen und letzten Ritter, als von dem Regenten Maximilian erzählen will.

Seit 1440 trug die Krone des heiligen römischen Reiches deutscher Nation Friedrich von Steiermark und Österreich aus dem Hause Habsburg, den wir anderen Deutschen als Kaiser Friedrich III., die Österreicher (um Friedrichs des Schönen willen) als Friedrich IV. zählen (Abb. 9 u. 10). Ein Herr ohne durchschlagende Kraft und ohne frischen Mut, aber zäh und schlau, ein Kaiser, der in seiner Regierungspraxis davon ausging, daß gegen die Übermacht der Kurfürsten im Reiche ein gewähltes Oberhaupt doch nichts mehr zum gemeinsamen Besten der Nation ausrichten könne; womit nicht gesagt sein soll, daß Friedrich unter anderen Umständen eher an eine solche würdigere Auffassung seines Amtes gedacht haben würde. Seine Weisheit war, die oberste Stellung im Reiche, die er nach wochenlangem Besinnen endlich angenommen hatte, sei dafür immerhin gut, die eigene Hausmacht mehren zu helfen, was seit Rudolf von Habsburg seine Vorfahren und nicht weniger auch die Kaiser aus den anderen Häusern, die Luxemburger

Abb. 5. Statuengruppe in der Hofkirche zu Innsbruck:
Cymburgis von Masovien (links), Margarete von Frankreich, Bianca Maria Sforza,
Siegmund von Tirol.
(Nach einer Photographie von Fritz Grall in Innsbruck.)

für seine Pläne war. Auf diese Weise hat der wenig mächtige, um seiner anscheinenden Harmlosigkeit willen gewählte Herzog und zeitlebens wegen seiner Unthätigkeit und Ohnmacht verspottete Kaiser es geräuschlos fertig gebracht, seinen Hauslanden eine Zukunft zu eröffnen, die weit über die Verhältnisse des deutschen Reichsherzogtums hinausgriff; er hat Österreich zu einer nach Ost und West ausgreifenden europäischen Macht neben dem Reiche anstatt im Reiche erhoben. Was dann Maximilian vollendet gesehen hat: das unter einem Scepter stehende Großreich zweier Welten, worin die Sonne nicht unterging, das hatte schon Friedrichs beharrliche Kunst vorgezeichnet, hier ist der Sohn nur auf den Wegen des Vaters weitergeschritten. Schon letzterer ist dem Gedanken nach der Urheber dieser durch keine Grenze,

und Wittelsbacher, je nach Talent und Möglichkeit verstanden oder versucht hatten. Für solche rein landesfürstliche Territorialpolitik, die seit dem Interregnum ohnedies die durch die Verhältnisse gegebene war, die gemeinsamen Machtmittel des Reiches, soweit es solche noch gab, leichter zugänglich und verfügbar zu machen, so viel Wert hatte der Kaisertitel natürlich auch jetzt und immer noch.

Hiervon ausgehend hat Kaiser Friedrich seine 53jährige Regierung geführt: nüchtern und ohne sich je von vornherein mit raschen Hoffnungen zu tragen, aber alles in seine Berechnung ziehend, alles geschickt verwendend und vor allem geduldig jeden überlebend, der ein Hindernis oder eine Verzögerung

seine Fremde gehemmten erfolgreichen Politik gewesen; schon sein Wahlspruch, womit er eine Art symbolischer Abgötterei trieb, an den er fatalistisch glaubte und den er in höchst ungewöhnlicher Weise sogar in sein Majestätssiegel aufnahm, war: A. E. J. O. U., Austriae Est Imperare Orbi Universo oder Alles Erdreich Ist Oesterreich Unterthan. An diesem seinem Ziel gemessen müßte der ebengenannte Träger der deutschen Krone rückhaltlose Anerkennung verdienen. Aber niemand, mag sich sein Vollbringen noch so sehr mit seinen Wünschen decken, erlangt den Anspruch, der Geschichte auszuweichen, was sie von ihm und von seiner Erfüllung oder Nichterfüllung übernommener Pflichten denkt und wie sie sein historisches

Verdienst zu würdigen hat. Sie wird darum nicht verkennen, wie große Schwierigkeiten in diesem Falle einem ehrlichen Pflichtbewußtsein entgegengestanden hätten.

Böse Gefahren umdrängten das Reich zu den Zeiten dieses Kaisers von allen Seiten; eine positive, Machtgewinn erstrebende Reichspolitik gab es, wie nach innen, auch nach außen längst nicht mehr, es galt im besten Fall nur noch, Schutz und Widerstand gegen die Abbröckelung an allen Grenzen und gegen allzu dreisten Raub zu bieten. Italien im Süden, die slavische Welt im Osten verlachten die Oberherrlichkeitsüberlieferungen und Lehnstheorien, welche das Reich in seiner staatsrechtlichen Antiquitätenkammer verwahrte; die hansisch-niederdeutschen Kreise führten ihre nordische Politik ganz für sich und auf eigene Faust; bei den Eidgenossen der Schweiz, deren ältere Geschichte ja mit dem Widerstand gegen Habsburg identisch ist, war die Reichsgewalt so gut wie erloschen, um so mehr, als sie bei Friedrich in der Hand eines Schutzherrn lag, der ihnen im Jahre 1444 die schlimmen Armagnaken über den Hals gejagt hatte; im Westen fuhr die verwegene Politik Karls des Kühnen fort, das Reich zu mindern, nachdem schon eine ganze Reihe ansehnlicher und schöner Gebiete in das burgundische Staatswesen übergegangen waren, und vom Balkan her schob sich immer bedrohlicher und näher, unheimlich wie Gewitter des jüngsten Tages, die Türkennot der Christenheit heran. Von all diesem Reichsungemach hat sich der Kaiser Friedrich eigentlich nur über den osmanischen Feind und zwar nicht wenig beunruhigt, weil der vorgeschobenste Posten gegen diesen eben Österreich selber, die Ostmark war. Bei den übrigen gegnerischen Kräften betrachtete er es als wenig wichtig, was das Reich durch sie verlieren, als sehr wichtig

dagegen, was möglicherweise das Haus Habsburg durch sie gewinnen könne. Dieselben Länder- und Völkernamen, die sonst nur Schmach und Verlust des Imperiums bedeuteten, Böhmen, Ungarn, Italien, Burgund, ihm klangen sie lieblich als lauter vorhandene Möglichkeiten für die Machtvermehrung seiner Familie. Die welthistorische Arbeit an Hauspolitik und Landgewinn, welche andere europäische Dynastien durch lange Generationen hindurch allmählich vor sich gebracht hatten, sollte sein Haus als reife Früchte einernten. Und das gelang diesem zum guten Teil. Daß es damit nach Osten und Westen über die Grenzen der deutschen Sprache und Nationalität hinausstrebte, konnte für eine solche rein mechanische Additionspolitik natürlich keine Abmahnung und kein Hindernis sein, erweckte aber leider auch nicht den Gedanken, nach dem Gelingen

Abb. 7. Statuengruppe in der Hofkirche zu Innsbruck:
Artus von England (links), Theudebert von Burgund, Ernst der Eiserne von Steiermark, Theoderich der Große.
(Nach einer Photographie von Fritz Gratl in Innsbruck.)

durch eine nationale Bethätigung in den erworbenen Grenzländern wieder gut zu machen, was dieses Kaisertum im unmittelbaren Amte versäumte.

Von allen Häusern der Geschichte, die zu großer Macht gelangt sind, hat das habsburgische die buntesten Sprünge auf der Landkarte des Kontinents gemacht. Aus dem südwestlichen elsässischen Winkel des Reiches, der ältesten Heimat der Habsburger, und aus der heutigen Schweiz, wo diese Grafen im XIII. Jahrhundert die große zähringisch-kyburgische Erbschaft erheiratet

hatten, erspähte der Graf Rudolf, den man 1273 zum König wählte, die Möglichkeit, in der deutschen Ostmark die erste Erwerbung eines Reichsherzogtums zu machen. Von dieser sich rasch erweiternden österreichischen Position aus gelang es, in der entgegengesetzten nordwestlichen Flanke des Reiches, in den burgundischen Niederlanden die wichtige Stellung zu gewinnen, von der aus dann die Bretagne gewonnen werden sollte, Spanien gewonnen ward. Auf dem Wege über Spanien ist Habsburg zu Neapel-Sicilien und anderen zum Teil bis an die

Schwelle unserer Zeit bewahrten italienischen Herrschaften gekommen. Der bedeutsamste Schritt oder Sprung bleibt aber immer die Erwerbung von Burgund. Sie ist der Dreh- und Angelpunkt der ganzen neueren Großmachtsgeschichte des Hauses. Zwei volle Jahrhunderte habsburgischer und französischer, d. h. gesamteuropäischer Politik erhalten ihren Hauptinhalt durch die niederländisch-burgundischen Fragen. Burgund ist auch derjenige Name, der im persönlichen Leben Maximilians die tiefste Bedeutung hat.

Im Laufe des Mittelalters sind sehr verschiedene Reiche Burgund genannt worden. Zuerst dasjenige, welches entstand, als im Beginn des V. Jahrhunderts das germanische Burgundervolk König Gunditars über den Rhein ging, also auf römischen Provinzboden vordrang und sich um Worms herum niederließ. Freilich dieses erste burgundische Reich bestand nur kurze Zeit, Aëtius, der Regent Westroms, warb Hunnen, und durch sie ward es im Jahre 436 vernichtet. Daß das gealterte Rom in der Hand des kraftvollen Barbaren noch einmal solche Schreckensthat vollbracht hatte, das ward vergessen, dem Wesen der Tradition entsprechend, die alle Hauptfakta stets verwirrt, aber einzelne Nebensachen mit erstaunlicher Treue konserviert: die Erscheinung der seltsamen hunnischen Reiter, die man damals zuerst in westlicheren Europa gesehen, verblieb den Völkern in den rheinischen Gegenden als Haupterinnerung. Dann tönte nach wenig Jahren König Attilas Name drohend und mächtig auf, bis Châlons brauste sein wilder Schwarm über den Westen einher, nun erst sah man die ganze Wirklichkeit dieser Hunnengewalt. Einzelne Abendländer waren als Gesandte und Träger von Geschenken in seine Hofburg und Lagerstatt inmitten der rinder- und pferdeweidenden Flächen Pannoniens gelangt, und alles erzählte sich die von ihnen geschauten fremdartigen Wunderdinge dort drunten im unbekannten Donaulande nach. Da hat denn die volkstümliche Überlieferung, nach ihrer leichtherzigen Weise mit Namen, Ort und Daten umzuspringen, die Dinge immer mehr verschoben, und indem sie von dem Volke der Hunnen erzählte, wie diese den König Gunter und die Seinen erschlagen, der Nibelungen Not und bitteren Untergang an Etzels sagenberühmte pannonische Hofburg

verlegt. Andererseits verblaßte ob solchem Ende des Liedes, wie es zuletzt der an der österreichischen Donau vertraute Dichter des Epos ausgestaltete, doch wiederum die lokale Erinnerung von Worms weder im Hauptteil des großen nationalen Epos noch im volkstümlichen Gedenken, und wir werden zu erzählen haben, wie sie gerade in Maximilian als einem neuen burgundischen Herrn in eigener Weise zu Worms lebendig ward.

Reste des von den hunnischen Söldnern geschlagenen und königsberaubten Volkes trieben sich am Oberrhein umher und wurden

Abb. 8. Aus der Hofkirche zu Innsbruck: Theoderich der Große, König der Ostgoten. (Nach einer Photographie von Fritz Gratl in Innsbruck.)

440 durch Aufnahme in die römische Sabaudia (Savoyen) südlich vom Genfer See zur Ruhe gebracht. In diesen Sitzen erstarkten sie mit üblicher germanischer Volksüberkraft rasch von neuem und dehnten sich bald auf alles Land von der Aar im Osten, der Loire und Seine im Nordwesten bis fast aus Tyrrhenische Meer im Süden aus oder vom Gotthard bis hinüber nach Nevers an der Loire, von Bar-le-Duc bis Avignon. So erblühte hier, während Westrom dahinsank, unter neuen Gunbilaren und Godegiseln ein zweites, noch ansehnlicheres Königreich Burgund. Freilich wiederum nicht auf viel längere Dauer. Unter den Söhnen Chlodwigs erlag es den Franken und wurde ein Teil des merowingischen Reiches. Bei dessen vielfältigen Teilungen hat zeitweise ein abermaliges Burgund als selbständiges, aber nun merowingisches Königreich bestanden.

Die Zersplitterung von Karls des Großen Imperium durch den Vertrag von Verdun und die damit überhaupt siegreich gewordene partikulare Tendenz zu Teilungen begünstigte die fortschreitende Auflösung des einstigen Frankenreiches in Kleinkönigreiche, über welche teils Mitglieder des regierenden Hauses, teils landsässige Usurpatoren herrschten. Durch solche entstanden mit dem alten unvergessenen Volksnamen fast gleichzeitig zwei neue Königreiche Burgund, ein südliches Niederburgund (879) am Mittellauf der Rhône, und ein Hochburgund, welches vom Oberlauf der Rhône her Savoyen, die westliche heutige Schweiz und die spätere Freigrafschaft Burgund (Franche-Comté) umfaßte. Im Jahre 933 aus zweien zu einem Königreiche vereinigt, ging dieses Burgund im XI. Jahrhundert unter Kaiser Konrad II. als Kronland an die Herrschaft der deutschen Kaiser über. Zwei und ein halbes Jahrhundert später beim Hinsinken des Staufergeschlechtes löste es sich (nach jener Regel

aller Germanengeschichte, die fortwährend die staatenbildende Kraft der Großen mit dem naiven Hange zu kleinen Bildungen ringen und abwechseln läßt) in lauter Einzelherrschaften auf, die sich größtenteils vom Reiche lossagten und von denen im weiteren Verlaufe eine Anzahl dem um sich greifenden Bündnisse der Eidgenossen beitrat, die meisten aber von Frankreich aufgesogen wurden.

Ein ganz anderes Land als dieses zuletzt besprochene unter den Saliern und Staufern an Deutschland angeschlossene, vorher ganz selbständige und freie, aus zwei solchen vereinigte burgundische Königreich ist das Herzogtum Burgund, das als drittes Gebiet dieses Namens gleichzeitig, nämlich ebenfalls in der zweiten Hälfte des IX. Jahrhunderts entstanden war, während des Ringens der letzten Karolinger und der Capetinger um die westfränkische, französische Krone. Dies Herzogtum, die „Bourgogne", umfaßte die Quellengebiete der Seine, Loire und Saône, mit anderen Worten die Gegend um Dijon und westlich davon. Diese Teile hatten somit wohl zu

Abb. 9. Kaiser Friedrich III.
Nach einer gleichzeitigen Denkmünze.

dem im V. und VI. Jahrhundert blühenden Burgund gehört, blieben jedoch seit dessen Unterwerfung unter die Merowinger ein beständig zum westfränkischen Reiche resp. zu Frankreich gehöriges Territorium, mochten sie immerhin zu weitgehender Sonderexistenz durch eine Auflehnung desjenigen gegen die französische Krone gelangen, der sich zuerst Herzog und sein Machtgebiet Burgund nannte. In den Jahrhunderten, da die Capetinger als befestigte Dynastie auf dem Throne von Frankreich saßen, war dies Herzogtum zeitweilig in der Hand des Königs selber, zu anderen Zeiten und schließlich in längerer Dauer unterstand es einer herzoglichen Nebenlinie des capetingischen Hauses. Als diese herzogliche Linie 1361 ausstarb, fiel das Herzogtum als erledigtes

Lehen an die Krone heim. Schon zwei Jahre später jedoch bekam es in Philipp dem Kühnen, einem Sohne König Johanns von Frankreich, wieder einen selbständigen Inhaber, der somit der Begründer einer neuen herzoglich burgundischen Dynastie
wurde, und zwar der-
jenigen, die später mit
Karl dem Kühnen und
Maria erlosch. Unter
diesem letzten Herzogs-
hause wuchs das ur-
sprüngliche französische
Kronlehen in rapider
Weise zu einer sehr
ansehnlichen und ver-
schiedenartigen Län-
dermasse an, die von
den Abhängen des
Jura bis an die Nord-
see reichte und ihren
Zuwachs hauptsächlich
aus deutschen Reichs-
territorien erhalten
hatte, welche dadurch
dem Reiche und seiner
Lehenshoheit zwar
theoretisch nicht ent-
rissen, aber thatsäch-
lich doch fast ganz ent-
fremdet wurden. Um
die Verhältnisse unter
Maximilian zu ver-
stehen, ist eine ganz
kurze Übersicht hier-
über notwendig. Phi-
lipp der Kühne selbst
(1363—1404), der
Gründer der Dynastie,
erheiratete die Frei-
grafschaft Burgund
(Franche-Comté), d. h.
das dem Herzogtum
östlich benachbarte Ge-
biet um Dôle und
Besançon, welches einst ein Teil vom Königreich Burgund gewesen und daher immer
noch deutsches Reichslehen war; ebenso erwarb er Artois, Flandern, Mecheln und
Antwerpen. Sein Enkel Herzog Philipp der
Gute (1419—1467; Abb. 11) erlangte,
ebenfalls durch Heirat und außerdem durch
Verträge, Brabant, Limburg, Namur,

Abb. 10. Kaiser Friedrich III.
Holzschnitt aus Hartmann Schedels Weltchronik.
(Nürnberg 1493).

Hennegau, Holland, Seeland, Friesland, Amiens, Boulogne und Lützelburg
(Luxemburg), und Philipps Sohn und Nachfolger Karl der Kühne (1467—1477)
gewann alsbald in allerhand Gewaltsam-
keiten Zütphen und
Geldern. Von den
wichtigeren dieser nie-
derländischen Gebiete
waren Lehen des
Deutschen Reiches die
Herzogtümer Brabant,
Limburg, Lützelburg
und Geldern, die Graf-
schaften Hennegau,
Holland und Seeland
nebst Friesland; alte
französische Lehens-
hoheit erstreckte sich
dagegen auf das Kern-
land von Flandern.
Was dieser ganzen
Summe von nun in
einer Hand vereinig-
ten Territorien fehlte,
war der völlige geo-
graphische Zusammen-
hang. Das französische
Lehensherzogtum Bur-
gund und die Frei-
grafschaft lagen zu-
sammen im Süden
als ein Hauptteil für
sich, und fast ebenso
geschlossen, immerhin
von reichsunmittel-
baren geistlichen Ter-
ritorien durchsetzt, im
Norden die nieder-
ländischen Gebiete;
zwischen beide Kom-
plexe schoben sich das
Herzogtum Lothringen
und verschiedene son-
stige weltliche und
geistliche Fürstentümer
des Reiches, z. B. die Bistümer Metz, Toul
und Verdun. Indessen für einen Mann
wie Karl den Kühnen war durch eine territoriale Lücke seiner Macht lediglich die Aufgabe gegeben, sie auszufüllen, und nur der
geeignete Zeitpunkt noch als Frage übrig.
Herzog Karl von Burgund (Abb. 13 u.
14) war unbestritten einer der meistbedeuten-

den Herren in Europa und zwar noch weit mehr durch den blühenden Zustand seiner Lande, als schon durch ihre bloße Ausdehnung. Der Gebieter im Herzogshute erschien in gleichem Ansehen neben seinen gekrönten Nachbarn, deren nomineller Lehensmann er war, dem Deutschen Kaiser und dem Könige von Frank-

stand, Blüte und schwellendes Leben. Hier saß nicht, wie in Deutschland, ein ganzer unzufriedener Stand, ein über die unaufhaltsame landesfürstliche Machtzunahme grollendes und an seinem obersten Herrn (dem Kaiser) verzagendes Rittertum abseits auf seinen Burgen und verbauerte in

Abb. 11. Herzog Philipp der Gute von Burgund.
Gemälde von Roger van der Weyden im Museum zu Antwerpen.
Nach einer Originalphotographie von Braun, Clément & Cie, in Dornach i. E. und Paris.)

reich, und wahrlich betrachtete er sich nicht geringer im Range der Person und regierte nicht minder königlich als sie.

Keine Verwaltung im damaligen Europa konnte eine so geordnete und tüchtige genannt werden, wie — hauptsächlich durch das Verdienst Philipps des Guten — die von Burgund. Überall erblickte man Wohl-

Mißmut über die neuerungssüchtige und ungünstige Zeit. Die edelgeborenen landsässigen Familien in den jetzt burgundischen Ländern waren, soweit nicht durch gegenseitige Erbfehden überhaupt aufgerieben, schon durch die früheren Landesherren gedemütigt und bezwungen worden; selbst die Geschlechter des höheren Adels, welche einst

Abb. 12. Französisch-burgundisches Zeit- und Kostümbild (um 1470).
(Aus einer Handschrift der Frhrl. v. Lipperheideschen Büchersammlung in Berlin.)

Abb. 13. Karl der Kühne, Herzog von Burgund.
Gemälde von Roger van der Weyden im Königl. Museum zu Berlin.
(Nach einer Originalphotographie von Braun, Clément & Cie. in Dornach i. E. und Paris.)

auf die reichsunmittelbare Eigenschaft ihrer
Lehen gepocht hatten, nahmen diese längst
vom Herzog und waren ihm ausschließlich
unterworfen. Und außer der Regierungs-
autorität hielt den decimierten und teilweise verjüngten Adel ein neu und klug
erwedter Ehrgeiz in willigem Gehorsam.
1429 war mit scharfer Ahnenprobe und
strengen Ritterregeln der Orden vom
goldenen Vließ gegründet worden, eine
höfische Tafelrunde, indessen doch noch eine

Nachbildung der geistlichen Ritter- und Kreuz-
fahrerorden, die aus unbestimmten Plänen
eines neuen Kreuz- und Argonautenzuges
nach Vorderasien eingegeben war. Der Stolz
dieser Mitgliedschaft des goldenen Vließes
fesselte den Adel an den burgundischen Hof,
der überhaupt der merkwürdigste, der prunk-
vollste und der am meisten von dem Gefühle
specifischer Vornehmheit getragene im damaligen Europa war; er machte den Mit-
gliedern, als Vorbild für alle in Nachahmung

des goldenen Vließes geschaffenen höfischen „Orden", die bedingungslose Hingabe ihrer Person an den kühngenialen herzoglichen Herrn zur Ehrenpflicht.

Vor allem aber gediehen die Städte. Wohl hatten sie viel Streit gegeneinander und innerhalb ihrer Mauern, die Menschenleben galten herzlich wenig, und grauenhafte Einzelheiten kommen in diesen Bürgerkriegen vor. Aber man wolle nur nicht immer und immer wieder meinen, daß der geruhsame Friede allein belebe. Alles jenes hinderte die Vermehrung der städtischen Bevölkerungen, die Ausbreitung von Gewerbe und Handel, die Zunahme des Wohlstandes nicht. Auch italienische Städte, z. B. Florenz, ehe die Medici an die Spitze gelangten, weisen die gleiche Erscheinung des fortwährenden Aufschwungs bei unablässiger Parteiung und Unruhe auf, fast als ob die Hauptwirkung solcher unerbittlicher Kämpfe auf engem Raume vielmehr die Steigerung der Energie und aller Fähigkeiten sei. — Noch war die bedeutendste und berühmteste Stadt der burgundischen Niederlande das flandrische Brügge (Abb. 15—19), wenn es auch die längste Dauer seiner Größe schon hinter sich hatte. Denn bald sollte der Niedergang der Hanse auch auf seine Blüte zurückwirken und ferner mit der unaufhaltbaren Versandung des Zwyn ein nicht mehr zu überwindendes Hindernis die Stadt lähmend entmutigen, den Handel von answärts veranlassen, ihr den Rücken zu kehren. Indes das waren Dinge, die damals zwar in naher Zukunft standen, jedoch jetzt noch keine unmittelbare Wirkung übten. Noch blieb Brügge der Hauptstapelplatz des ganzen nördlichen Handels, der Weltmarkt, wo Italiener, Oberdeutsche, Hansen, Engländer ihre Kontore hielten und sich einander und mit Skandinaviern und Russen in unmittelbarem Verkehr begegneten. Überdies hielt das burgundische Herzogshaus Hof zu Brügge. Wenn auch im Mittelalter, selbst im endenden, das Residieren der Fürsten noch nicht so ausgebildet und kein so ständiges war, wie nachher, vielmehr die Lebensführung des Hofes sich über das gesamte Terri-

torium verteilte, die regierende Familie nebst ihrem obersten Verwaltungsapparat und all ihrem Zubehör viel unterwegs war und die Pfalzen und Burgen nacheinander besuchte, schon um die Naturalerträgnisse der Krongüter möglichst direkt an Ort und Stelle zu verwenden, so sind doch damals schon einzelne Orte der Hauptsitz gewesen: das war Brügge für die burgundischen Herzöge. So vereinigte sich denn gar vieles in dieser Stadt. Hier blühte auch das flandrische Kunstgewerbe, die weitberühmte Teppichwirkerei, hier schuf die Architektur ihre zum Teil noch in der heutigen Gegenwart herrlich prangenden Bauten, hier hatte die alte vlämische Malerei ihren natürlichen Mittelpunkt. Jan van Eyck hatte in

Abb. 14. Statue Karls des Kühnen in der Hofkirche zu Innsbruck.
(Nach einer Photographie von Fritz Grail in Innsbruck.)

Abb. 15. Die Kathedrale zu Brügge.

Brügge als Hofmaler Herzog Philipps des Guten gelebt. Durch ihn und seinen Bruder Hubert ist von Flandern die tiefgreifende Erneuerung der Kunst und Verbesserung ihrer Malmittel ausgegangen, und die Brüder haben gerade auch bei der Künstlerwelt Italiens, wohin so viele Verkehrsbeziehungen gingen, nicht den geringsten Dank erworben. Zu Maximilians Zeiten war Jan van Eyck längst (1440) verstorben, aber seine Schule bestand fort, und ihr Haupt zu Brügge war Hans Memling (ca. 1430—1495), welcher sie in der Vereinigung treuer Naturbeobachtung mit anmutiger Kunst der Gestaltung und Schilderung zu ihrer größten Vollkommenheit hob. — Neben Brügge blüht Gent, die Stadt der

Weber, zugleich die unruhigste von allen. Vom XIII. bis zum Ende des XV. Jahrhunderts bildet die Geschichte von Gent, der Stadt des Jakob van Artevelde, eine fortlaufende Reihe stets wiederholter Aufstände gegen die Landesherrschaft. 1453 hatte die Stadt 16 000 bewaffnete Bürger gegen Philipp den Guten zu führen vermocht. Zu Anfang des XVI. Jahrhunderts besaß Gent 35 000 Häuser und 175 000 Einwohner, Zahlen, welche für jene Zeit sehr respektabel sind und die der ansehnlichsten deutschen Städte übersteigen. Ob erfunden oder nicht, bezeichnet es doch zutreffend die Größe und Blüte dieser Stadt, wenn Karl V den großthuerischen Franz I. im Gespräch gereizt haben soll: Mon Gand (gant), Paris danserait dedans!

War Jan van Eyck Hofmaler zu Brügge, so war sein mindestens gleich bedeutender Bruder Hubert van Eyck hauptsächlich in Gent und für die dortigen städtischen Geschlechter thätig gewesen. Zu Maximilians Zeit lebte dort Hugo van der Goes (ca. 1420—1482), dessen Werke auch von den in den Niederlanden lebenden reichen und kunstverständigen italienischen Kaufleuten würdig erachtet wurden, den besten Schöpfungen ihrer Landsleute an die Seite gestellt zu werden; das schönste Gemälde Hugos, eine Anbetung Christi, gehört als Stiftung eines Portinari, welcher der Mediceischen Bankfiliale zu Brügge vorstand, dem Spital von Santa Maria Nuova in Florenz zu eigen.

Freilich war Yperns auf alter Wollmanufaktur beruhende Bedeutung schon dahingeschwunden und hauptsächlich durch die Eifersucht und Gewaltthätigkeit der Genter vernichtet worden; die Stadt, die im Jahre 1247 — doch wohl übertrieben — auf 200000 Einwohner geschätzt wurde, ist allmählich immer mehr (heute auf 16000) zurückgegangen. Dagegen blühte das an Brabant angegliederte Antwerpen im XV. Jahrhundert desto glücklicher empor. Wohl steht es noch hinter der flandrischen Herrscherin im nördlichen Welthandel zurück. Aber schon sind seine Pferdemärkte berühmt, von wo man die mächtigen Brabanter- und Ardennenrosse holt, starke Arbeiter und als die besten in aller Welt bekannt, um die schwer gepanzerten Ritter zu tragen. Überhaupt der Inlandhandel Antwerpens nimmt zu, und bald wird das Mißgeschick Brügges auch den großen Seehandel der jüngeren Nebenbuhlerin und ihrer breiten, selbst für den Tiefgang der großen Oceanfahrer völlig zureichenden Schelde zuführen, jene zum ersten niederländischen Hafenplatze machen und dadurch zugleich den Gewerbefleiß der Stadt und ihres Hinterlandes noch weiter mächtig anregen.

Freilich ein Karl der Kühne, ein Mann von solchem Machtbegehren und fürstlichem

Abb. 17. Das Rathaus in Brügge (erbaut ca. 1376—1387).

Herrscherstolz, konnte nicht anders, als der grimmige Widersacher — nicht der materiellen Blüte, aber des Selbstbewußtseins und Kraftgefühls dieser städtischen Bürgerschaften sein. Er hatte die Macht seiner adeligen Vasallen hinter sich, hatte sich außerdem aus Söldnern diejenige Truppe, welche man als das erste unter den modernen stehenden Heeren betrachten kann, geschaffen und sie allmählich bis auf 20 000

Mann gebracht. So hat er jene denn gezwungen, in knirschender Demut ihre städtischen Privilegien und ihre Banner, die so oft den Herzogsheeren trotzig entgegengeflattert waren, zu seinen Füßen niederzulegen. Er hielt die reichen Städte in mächtigerer Hand, aber der Regierung nach ihm ist es schlimm von ihnen wiedervergolten worden.

Herzog Karls Leben fällt schon in die

Zeit, da der „Humanismus“ nächst Italien in den burgundischen Niederlanden seine Heimat und Stätte gefunden hatte und die wieder erweckten Stoffe und Schriften der antiken Welt den Gemütern reiche neue Nahrung gaben. Neben den hergebrachten Romandichtungen des späteren Mittelalters las man jetzt mit besonderer Begierde die Biographien der berühmten Männer des klassischen Altertums. Da konnte es dem stolzen und kühnen Karl wohl wie eine nicht zufällige Mahnung erscheinen, daß auch sein eigener Vater Philippus geheißen und ihm noch manches zu erobern übriggelassen habe. Er lebte in unaufhörlichen Träumen von einem neuen Imperium, ähnlich, wie es einst 843 durch den Vertrag von Verdun, wenn auch nur auf kurze Dauer, für den Kaiser Lothar I. geschaffen worden war: von einem den Kontinent scheidenden Reiche zwischen Deutschland und Frankreich, das an der Nordsee beginnend zur Rechten und Linken des Rheinstroms und der Rhône gelegen sein und womöglich erst wieder am Meere, an den Gestaden der Provence endigen und so die Nordsee und das Mittelmeer zugleich mit Handel und Einfluß beherrschen sollte. Auch davon sprach er: das römische Reich sei zu Ende, das burgundische werde beginnen. Aber er war in der Lage, ungestraft so dreist zu reden. Für alle Feldzüge, wohin er sie auch führte, hatte er die Dienstbereitschaft seiner Lehnsmannen und deren reisiger Hinterfassenschaft zur Verfügung, dazu seine Söldner; kam etwa ein Feind ins Land, so konnte er außerdem auch noch die „wohlgeborenen“ Männer, die Freien außerhalb des Lehnsverbandes, aufbieten. Kein Staat, selbst wenn er die Mittel rasch aufbrachte, war damals so fertig zum Schlagen und nur entfernt so wohlversorgt für den Krieg. Darauf vertrauend bedrohte Karl alle seine fürstlichen Nachbarn und nicht minder die Eidgenossen, die Angrenzer seiner Freigrafschaft. Indessen nicht nur Länder wollte er zur Beute erjagen, sondern auch wirklich, wie er gesagt hatte, König werden und nach der Kaiserkrone greifen. In Deutschland versah man sich ungemeiner Dinge von ihm; es hieß im Volke, er werde kommen, die Mauern aller Städte brechen und den Reichtum aller Bürger nehmen; mit dem Bösen sei er im Bunde und höhne Gott und alle seine Heiligen. Er schien wie der Vorläufer des Antichrist.

Aber all dieser ungemessene Ehrgeiz mußte auf eines verzichten: auf die Nachfolge

Abb 18. Ehemalige Stadtkanzlei in Brügge (erste Hälfte des XVI. Jahrh.).

2*

eines Sohnes. Karl war der letzte Mann
seines Stammes und besaß nur eine Tochter
als Erbin seiner Macht, Maria. Es braucht
nicht gesagt zu werden, daß bei den ab-
wehrenden politischen Maßregeln und Er-
wägungen, zu denen Karls Unternehmungen
herausforderten, auf der gegnerischen Seite
bald hier bald da wiederum die ledige
Hand der jungen Erbherzogin in die Berechnung eingestellt ward und dies nicht
wenig zu unschlüssigem Verhalten gegen den
Herzog, zur Nachgiebigkeit, ja Unterstützung
mitgewirkt hat.

Die Art, wie Karl Geldern und Zütphen
erworben hatte, war, wie gesagt, höchst ge-
waltthätig gewesen, aber er durfte für diese
Reichsgebiete dem Kaiser Friedrich im Jahre
1473 huldigen und blieb in ihrem un-
angefochtenen Besitz. Ferner geschah es unter
den Augen des diesmal persönlich und
darum viel peinlicher betroffenen Kaisers,
daß Herzog Siegmund von Tirol und Vorderösterreich, der ein habsburgischer Vetter
Friedrichs, aber zu diesen Zeiten den Ge-
samtinteressen des Hauses etwas entfremdet
war, Besitzungen im Elsaß, in der ältesten
Heimat Habsburgs, an Karl verpfändete,

als dessen Landvogt darauf der berühmte
oder berüchtigte Peter Hagenbach sein dortiges
Regiment begann. Somit war Herzog Karl
schon in verschiedener Weise ermuntert
worden, seine Absichten auf das Reichs-
gebiet noch weiter auszudehnen, als sich
eine Gelegenheit bot, die ihm möglicherweise
sogar die Oberherrschaft oder doch eine
Art Protektorat über das große Kurfürsten-
tum Köln versprach. Der Kurfürst, Erzbischof Ruprecht, ein Wittelsbacher, war
von den kölnischen Bürgern vertrieben worden
und wandte sich um Hilfe und Rache, als
ob kein Kaiser und Reich mehr existierten,
an den, der freilich nicht lange zaudern,
bedenken und resolvieren würde, an Karl.
Dieser brach los und lagerte mit Kriegs-
macht um das feste kurkölnische Neuß.

Schon zur gleichen Zeit bereitete er
die Eroberung des Herzogtums Lothringen
vor, um seinem Reiche nicht nur eine
weitere höchst ansehnliche Vergrößerung,
sondern auch die dringlich entbehrte territoriale Geschlossenheit zu geben.

All dieser und anderer Übermut rief
nun doch in den Jahren 1474 und 1475
gleichzeitig das Reich, den König von Frank-

Abb. 20. Abtei (Abbij) zu Middelburg in Seeland, erbaut 1492 unter Maximilian; 1505 Versammlungs-
stätte der Ritter vom Goldnen Vließ.

reich und die Eidgenossen wider ihn in Waffen. So mußte er von Neuß abstehen, aber eroberte mit rascher Hand Lothringen und warf sich dann machtvoll auf die Eidgenossen. Diese im Stich zu lassen war Kaiser Friedrich III. ohne weiteres bereit, obwohl ihm ihr Bündnis eben erst zu gute gekommen war. Er hätte jetzt, wo es den Gegendienst galt, zugleich so vorteilhaft die Gelegenheit benutzen können, diese lauen Reichsglieder im südwestlichen alamannischen Winkel wieder an die Politik und Autorität der deutschen Krone zu knüpfen. Aber lieber ver-

ständigte er sich mit Karl und erreichte in der That nach langem Hin und Her den heiß ersehnten Preis, das endliche Zugeständnis des schon 1473 von ihm vorgebrachten Planes: der geheimen Verlobung Marias und Maximilians durch Verabredung der Väter.

Zu dieser schließlichen Willfährigkeit hatte den Herzog übrigens erst das Mißgeschick getrieben, das er inzwischen gegenüber den Schweizern erfahren hatte und das ihn weiter verfolgte. Sie schlugen seine Reisigen und Söldner am 2. März 1476

Der Tod historischer Persönlichkeiten, die so wie Karl ins Maß-
lose über ihre Verhältnisse hinaus-
streben und auch diese nur durch
stete Spannung zusammenzuhalten
vermögen, löst alsbald alle Gegen-
kräfte und unendliche Schwierigkeiten aus. Nun sollte Maria
Herrin von Burgund sein, und gegen
sie erhob sich jegliche Feindseligkeit
und Gefahr. König Ludwig XI.
von Frankreich zog, wozu er vollkommen berechtigt war, das Herzogtum Burgund (im engeren Sinne,
die Bourgogne) als erledigtes fran-
zösisches Mannlehen ein, beschloß
aber auch, Maria mit seinem
Dauphin Karl zu vermählen, und
besetzte einstweilen als vorsorglicher
Schwiegervater in spe die Freigrafschaft, trotz ihrer deutschen
Lehnsherkunft, sowie pikardische
Pfandschaften Karls des Kühnen,
wollte auch Artois und Flandern
an sich reißen und über das übrige
zu Gunsten seiner Helfershelfer
verfügen. Wo denn aber der verlobte Maximilian und sein Vater

Abb. 21. Blatt aus einem burgundischen Gebetbuch des
späteren XV. Jahrhunderts.

bei Granson am Nordufer des
Neuenburger Sees und am 22. Juni
bei Murten. Das Glück hatte seinen
einstigen Liebling verlassen und das
Allzuviele, welches er unternommen hatte, erdrückte ihn jetzt. Der
vertriebene Herzog von Lothringen
erspähte die Gelegenheit, in seine
Hauptstadt Nanzig zurückzukehren,
und verständigte sich mit den siegreichen Eidgenossen. Er hieß
René II., war jedoch kein Nach-
komme des viel berühmten und
schicksalsreichen „Königs" und früheren Herzogs René, vielmehr der
Enkel eines Widersachers von jenem.
Karl mußte sich nach Lothringen
gegen den Herzog und seinen
schweizerischen Zuzug wenden, dort
ward am 5. Januar 1477 vor
den Mauern von Nanzig sein
letztes schönes Heer besiegt, er selber
jämmerlich erschlagen.

Abb. 22. Karl der Kühne und Maria von Burgund
(König Ruhmreich und Jungfrau Ehrenreich).
Holzschnitt des Teuerdank.

Abb. 13. Köln zur Zeit Friedrichs III. und Karls des Kühnen.
(Ankunft der heiligen Ursula. Gemälde von Hans Memling im Johannesspital zu Brügge.)
(Nach einer Originalphotographie von Braun, Clément & Cie. in Dornach i. E. und Paris.)

blieben, wird der Leser fragen; leider ist von unserem Helden in diesem Moment noch nichts zu berichten.

Maria in ihrer Not durch die Franzosen sah sich auf ihre Unterthanen angewiesen. Freilich hatte sie auch hier nur alles zu befürchten. In den Niederlanden, auf die es jetzt nach dem Verluste des eigentlichen Burgund allein ankam, fühlten die Stände und Städte die Erlösung von dem Machtdruck, der sie niedergehalten hatte, und schnellten jetzt empor. Um sie zu besänftigen und gewinnen, erteilte die Herzogin zunächst zu Gent „het Groot Privilegie" für Holland unb Seeland, bas für diese beiden Staaten nahezu eine Abbankung der Fürstin bedeutete; sie versprach hierdurch neben anderem, keine Ehe zu schließen, ohne ihre Absicht den Ständen vorzulegen. Die flandrischen Genter, die Maria in ihren Mauern und baburch in ihrer besonderen Gewalt hielten, erzwangen sämtliche ihnen abhanden gekommenen Privilegien wieder. Die Stadt

Abb. 24. Denkmünze auf Ludwig XI. 1469.

fühlte sich gewissermaßen wie eine Regierungsbehörde von Burgund, leitete, unbekümmert um die Herzogin, den Krieg gegen Ludwig XI. und unterhandelte mit ihm. In diesen Wirren trieben alle Beteiligten Hinterlist und doppeltes Spiel, am meisten aber Ludwig, der Maria an die Genter verriet, indem er ihnen die vertraulichen Unterhandlungen mitteilte,

die sie und er geheim vor den niederländischen Ständen gepflogen hatten. Allerdings hatte sich Maria, unerfahren, unklar und verschieden beraten, in ein gefährliches diplomatisches Wirrsal verstrickt. Es kam so weit, baß Gent zwei ihrer Räte, derer sie sich als Unterhändler bedient hatte, anstatt ihrer büßen ließ; sie wurden zum Tode verurteilt und drei Stunden banach mit dem Schwerte enthauptet, vor den Augen der jungen Herzogin, die mit aufgelösten Haaren um Gnabe flehend auf die Richtstätte gestürzt kam. Sie selbst ward von allen Vertrauten und Freunden getrennt und unter Aufsicht bes städtischen Magistrats gestellt.

Hätte Ludwig XI. seine tückische Art unterdrücken können, so hätte er offenbar

Abb. 25. Grabdenkmal Karls des Kühnen in der Liebfrauenkirche zu Brügge.

sein Ziel unschwer erreichen und die geängstigte Maria für seinen häßlichen Sohn gewinnen können. Dadurch hätte er den ihm sonst mangelnden legitimen Vorwand erlangt, alle seine Gewalt aufzubieten. Das Verlöbnis Marias mit Maximilian wäre keine ernstliche Hinderung für solche Pläne gewesen; wir werden bald zu erzählen haben, daß man in solchen Fällen sogar geschlossene Ehen unbekümmert beiseite setzte. Nun aber hatte der König bei der Erbin selbst alles versichert, und die Genter, die niederländischen Stände überhaupt wollten die starke und rücksichtslose Hand dieses fremden Königs in ihren Dingen gewiß nicht. Um so mehr beeilten sie sich, über andere Heiratspläne zu beraten, verfielen zunächst auf einige wenig geeignete Herren und kamen schließlich selber auf Maximilian zurück, der für sie zwei Vorzüge besaß: daß seine Hausmacht fern und schwer beweglich, also für sie weniger zu fürchten war, immerhin aber eine ansehnlichere war und daß schon durch die Wahl des Kaisersohnes an sich den französischen Gelüsten ein gewisser Einhalt geboten wurde. Und so haben auch wir uns nunmehr den freien Weg zu der Person unseres Helden gebahnt und wollen ihn gleich charakterisieren.

Die Kaiserin Eleonore, die ihn am 22. März 1459 zu Wienerisch-Neustadt gebar, war eine portugiesische Prinzessin; ihr mochte Maximilian die unverwüstliche, an Ruhelosigkeit streifende Lebhaftigkeit seines Wesens verdanken, die wenigstens kein Erbteil vom Vater sein konnte. Freilich ohnedies zeigen ja die Söhne regierender Väter

oft ein mehr komplementäres Wesen zu deren Natur. Ganz anders wie Friedrich, der immer hinausschieben und aus dem Spiele bleiben wollte, mußte der Sohn überall selbst dabei und thätig sein, sich selber unmittelbar mit seiner Person in allem einsetzen, was er trieb, und war ungeduldig; es hat wenige Herrscher gegeben, die so sehr Augenblicksmenschen gewesen sind wie er. Dieser inneren Lebhaftigkeit seines Temperaments entspricht auch, daß er wohl Geist und Verstand, doch noch mehr Phantasie besaß und diese ihn leicht mitbestimmte. Raschheit und Mut, Eroberungslust und Ehrgeiz hatte er genug, aber den Mangel noch wertvollerer Tugenden, der eigentlichen Errungenschaften des Mannes vermochte er damit nicht zu ersetzen. Selbstbeschränkung auf der einen Seite, Ausdauer auf der anderen fehlten ihm nur zu sehr. Während er just dabei ist, den einen Plan mit aller Unruhe zu verfolgen, taucht

Abb. 26. Maria sendet aus nach Maximilian.
Holzschnitt des Teuerdank.

Abb. 27. Aus der „Genealogie Kaiser Maximilians".
Holzschnittvorlagen von Hans Burgkmair im k. u. k. historischen Hofmuseum zu Wien.

ihm ein anderer auf, und nun läßt er jenen liegen, wendet allen Eifer auf den neuen. Aus demselben Grunde trifft es ihn nicht allzu hart, wenn seine Wünsche unerfüllt bleiben; denn dieses Stadium des Mißlingens tritt gewöhnlich erst dann ein, wenn ihn schon wieder ein anderer Gegenstand beschäftigt und völlig in Anspruch nimmt. So ist denn Maximilian zu denjenigen Lebensaufgaben, die ihm durch alle seine Tage als die allerhöchsten vorgeschwebt haben, überhaupt nicht, dagegen allerdings zu manchem anderen gekommen.

Ein solches ständiges Hin und Her, das ja bei Privatleuten keine Seltenheit ist, wird, wenn es auch Regierenden anhaftet, in der Regel durch die Einrichtungen und Instanzen, durch das Schwergewicht des Regierungsapparates und den unbewußten Widerstand der Beamten gehemmt und teilweise aufgehoben. Aber Maximilian, wie schon gesagt, faßte alles ganz persönlich und unmittelbar an, leistete selber die kleine Arbeit mit. Er hatte eine unbeschreibliche Angst davor, seinen Räten zu viel nachzugeben und zu überlassen, von ihnen abhängig zu werden. Lieber verzichtete er oft darauf, für sich arbeiten zu lassen, hinterging sie

Abb. 28. Taufe Maximilians. Holzschnitt Hans Burgkmairs zum Weißkunig.

sogar, vertraute dem ersten besten anderen und verband sich mit solchen gelegentlichen Ratgebern gegen seine wohlunterrichteten und gewissenhaften obersten Beamten. Für die Gesandten und Diplomaten der auswärtigen Mächte war er ein sehr unbequemer Herr, weil er so völlig unberechenbar war, nicht etwa aus überlegener Klugheit, sondern aus sprunghafter Leichtbeweglichkeit. Selbst unehrlich war er zuweilen. Ganz gewiß ist die Politik keine Lämmerweide, aber Maximilian glaubte sich unter Umständen die nötige Deckung höchst einfach so verschaffen zu dürfen, daß er die dreiste Unwahrheit sagte. Oder er gab zum Beispiel den Franzosen auf eine bestimmte Abmachung sein

„feierlich Siegel", den Engländern aber auf das Gegenteil seinen Eid, der stärker sei. Wir stehen ja allerdings in der Zeit, da die kalte Vorurteilslosigkeit der Romanen in politischen Dingen viel Schule in Europa machte. Aber Macchiavelli, der bewundernswerte Florentiner Historiker und Politiker, der in seinem viel berufenen und wenig verstandenen „Principe" das erste neuere System der Staatskunst formuliert und den Staatszweck als einzige, rücksichtslos und mit allen Mitteln befolgte Richtschnur für den bieser Zeit und speciell den in voller Gärung befindlichen italienischen Verhältnissen entsprechenden Fürsten demonstriert hat, er hatte an einem Papst Alexander VI., „der gar nichts

Abb. 19. Erste Begegnung der Eltern Maximilians. Gemälde von Pinturicchio im Dom zu Siena. (Nach einer Originalphotographie von Gebr. Alinari in Florenz.)

anderes that und dachte als betrügen", und den er gewiß nicht liebte, immerhin noch eher Gefallen als an Maximilian. Macchiavelli verteidigt ja sogar selber die „wohlangebrachte" politische Lüge, aber dieser Deutsche bleibt ihm ein Stümper. Maximilian war auch nie, was Macchiavelli unbedingt dem „Fürsten" riet, ein e r n s t l i c h e r Freund oder Feind. „Er ist," so berichtet der Florentiner Diplomat aus eigener Kenntnis über den Träger der deutschen Krone, „in beständiger körperlicher und geistiger Aufregung, er nimmt oft abends zurück, was er morgens beschlossen hat." So behält er, dem vor allem nichts über die Konsequenz geht, gar keine Achtung für ihn. Wir könnten ja schließlich auch jene gelegentliche rasche Bereitschaft zur Unwahr-

Abb. 30. Enea Silvio Piccolomini aus Siena, Geschäftsträger Friedrichs III., später Papst
Pius II., empfängt vom Kaiser die Dichterkrönung. Gemälde von Pinturicchio im Dom zu Siena.
(Nach einer Originalphotographie von Gebr. Alinari in Florenz.)

heit bei Maximilian aus dem äußerst im-
pulsiven Wesen seiner Natur, aus seiner
inneren Hastigkeit zu erklären suchen. Indessen es gibt auch einen Mißbrauch des „tout
comprendre c'est tout pardonner".

Viel ausgerichtet hat Maximilian unbestritten durch seine lebhafte, frische Natur
und seine Person überhaupt. Er gefiel auf

den ersten Blick, war ein Herzensgewinner
bei Männern und Frauen und beherrschte
die Rede gut; sie floß von seinen Lippen,
sagten die Zeitgenossen, „wie geschmolzenes
Gold". Alles pries seine Liebenswürdigkeit,
und Kurfürst Friedrich der Weise von Sachsen
vermeinte, nie einen artigeren Mann getroffen zu haben. Allein die Leutseligkeit

Abb. 31. Maximilian als König. Gemälde von B. Strigel in der Alten Pinakothek zu München.
(Photographieverlag der Photographischen Union in München.)

jprochen wurde, fehlte ihm nicht bloß gegenüber Menschen, sondern auch bei dem, was er trieb und unternahm. Er war lerneifrig und lernfähig, kenntnisreich und voller Interessen. Aber seine Vielseitigkeit behält etwas Dilettantisches oder etwas Subalternes. Er war eifriger Soldat, indes noch mehr ein guter Feldwebel als ein Feldherr. Seine Tapferkeit freilich war über allen Zweifel erhaben, und ihr und seinem unverzagten Mut verdankt er manchen militärischen Erfolg. Ähnlich bewährte er in seinen persönlichen Gefahren und Nöten alle löbliche Würde und königliche Haltung; ein großes, vielgestaltiges Reich königlich zu bemeistern, war dagegen seine Sache nicht.

Solche unmittelbaren Persönlichkeiten haben in der Regel viel Humor und gewöhnlich auch Selbstironie. Maximilian hat seine unzähligen politischen Niederlagen beim Reiche und seine sonstigen Kalamitäten mit guter Art und ohne viel Kummer hingenommen.

der Fürsten verbraucht, wenn hinter ihr nicht eine große wirkliche Überlegenheit steht, nur zu leicht in kleiner Münze das Kapital der Autorität, und Maximilian imponierte schließlich niemandem mehr recht. Man hat sich nicht gescheut, unter Umständen mit ihm böse umzugehen und ihn sehr hart anzufassen. Die innere Überlegenheit, wovon soeben ge-

Ja, es konnte ihm inwendig ordentlich wohlthun, sich als möglichst ungerecht behandelt und für den Prügelknaben des Schicksals und der Mitwelt erklären zu können. Als irgendwo auskam, seit Christo habe niemand so viel gelitten als Kaiserliche Majestät, war er der eifrigste Verbreiter dieses Wortes und war oft tief gerührt über sich selber.

Ewig war er in Geldnot, und hatte er einmal Barsummen für irgend einen Zweck aufgebracht, so waren sie gleich wieder fort, und man begriff nicht, wohin er das Geld eigentlich verthat, da er einfach lebte und seine Liebhabereien nicht kostspielig waren. Diese ständige Finanzkalamität hat natürlich auf sein Thun und Lassen und selbst auf seinen Charakter viel Einfluß geübt. Es ist zwar schmählich, wenn ein venezianischer Zeitgenosse von ihm sagt: Um einen Dukaten sei er für alles zu haben, aber doch eben nur im Ausdruck übertrieben. Maximilian hat, als er schon die Krone trug, sich zu mancher Unternehmung für Fremde um Lohn hergegeben und hat sowohl Venedig wie England als gemieteter Feldhauptmann gedient, kaum anders als die parteilosen Condottieren oder Söldnerführer Italiens, die mit ihren geworbenen Haufen, die sie als Unternehmer zusammenbrachten, rein geschäftlich im Dienste des jeweils Meistzahlenden Krieg führten. Konsequent und ausdauernd ist jedoch Maximilian in seinen politischen Heiratsunternehmungen gewesen; hierin war er Habsburger und der getreue Sohn seines Vaters. Und wenn das Glück ihn dabei zuweilen betrog, so hat es ihn auch wieder, wie wir sehen werden, überreich entschädigt, indem es seinem Hause Erbschaften in den Schoß warf, an die man bei den betreffenden Ehebündnissen unmöglich schon mit so großen Hoffnungen hatte denken können.

Wir werden so manches Liebenswürdige und Sympathische von Maximilian zu berichten haben, besonders auch, wenn von seinem Familienleben, von seinem persönlichen Verhältnis zu Litteratur, Wissenschaft und Handwerk zu reden sein wird. Aber der Mann, dessen die Zeit bedurfte, wo ein verwandeltes politisches und Kulturleben an allen Enden zugleich an die Oberfläche drängte und wo ein Luther aufstand: ein Mann voll rücksichtsloser Energie und Größe im guten Bewußtsein seines Allgemeinsinnes, das war Maximilian nicht. Was man von ihm sagen kann, ist, daß er

Abb. 31. Blatt aus einem Missale Maximilians I.
k. u. k. Hofmuseum zu Wien.

zeitlebens von sehr jugendlicher Natur geblieben sei. Gewiß liegt nicht zum wenigsten in dieser unermüdeten Jugendlichkeit die Anziehungskraft seiner Persönlichkeit begründet. Sie bietet uns wenig politische Großthat, wenig konsequentes Zielbewußtsein, Maximilian erscheint viel weniger in dem Berufe, ein Führer anderer zu sein, als er vielmehr ein in seinem vielseitigen individuellen Wollen und Verlangen begnügter und beschäftigter Mensch für sich gewesen ist. Vom großen historischen Drama hat daher sein Lebensinhalt wenig an sich, desto mehr von dem formlos komponierten, an bunten Gestalten und Bildern, an Überraschungen und jähen Schicksalswechseln reichen epischen Rittergedicht.

Nun rief ihn im Jahre 1477 seine Anverlobte in ihrer Not, und gleichzeitig erwies sich eine entgegenkommende Stimmung ihrer ungebärdigen Unterthanen für ihn vorhanden. So zog er denn hinaus, Maria zu gewinnen und für sie gegen Frankreich zu streiten. Nicht zum wenigsten hat diese kampfgemute Brautfahrt des „Ritters Tenerdank" dazu beigetragen, dem Sohne des Kaisers die Teilnahme und Zuneigung der Deutschen zu erwerben. Und der zu erwartende Erfolg, der Maximilian zum Nachfolger des fast abergläubisch gefürchteten Karl und zum glänzenden und reichen Herrn dieser in ganz Europa beneideten,

Abb. 34. Schwert Maximilians mit Scheide. Ältere Arbeit (um 1450). (Nach einer Originalphotographie von J. Löwy in Wien.)

dem Reiche übrigens auch durch diese Heirat noch nicht zurückgewonnenen Länder machen konnte, mußte bei dem unausrottbaren Bewunderungsbedürfnis des naiven Volksgemüts nur noch mehr zur Verherrlichung führen. Im breiten Volke wußte man ja nicht, wie peinlich die Reise des Erzherzogs verzögert worden, wie schwierig die Aufbringung der notdürftigsten Mittel dazu gewesen war und daß Maria ihn schon eine Zeitlang beiseite

Abb. 33. Aus dem Holzschnittwerk Albrecht Dürers „Die Ehrenpforte": Maximilian und seine Braut Maria von Burgund.

gelaffen und schließlich gedroht hatte, wenn er nicht bälber käme, des Verlöbniffes nicht achten zu können.

Um die Vermählung, nachdem die Fahrt beschloffen war, nicht noch länger in Frage zu stellen, fand sie Ende April 1477 zunächst durch Prokuration, durch Stellvertretung, statt, was bei fürstlichen Ehebündniffen damals überhaupt ein häufiger und bequemer Ausweg war, um die Schwierig-

Wort zu haben, selber ihn gewollt hätten. Jetzt kamen auch die alten aus dem XIV. Jahrhundert stammenden Parteiungen mit den wunderschönen, nach Meer und Fischmarkt duftenden Namen der Hoeks und Kabeljaus (Hoek ist Fischangel) wieder auf. Die historischen Parteinamen haben ja faft alle die Eigenschaft, daß man für den Ursprung der so unendlich viel gebrauchten gar keine oder nur eine hypothetische Ver-

Abb. 35. Aus den Marmortafeln am Innsbrucker Denkmal: Vermählung Maximilians mit Marie von Burgund.
(Nach einer Photographie von Fritz Grell in Innsbruck.)

keiten zu vermeiden, welche oft durch die große räumliche Entfernung und die dadurch mitbedingten Anstandsfragen entstanden. Am 19. August konnte nach Maximilians endlicher Ankunft die wirkliche Hochzeit gehalten werden (Abb. 33, 35, 36, 42).

Der junge Beschützer der Herzogin sollte nunmehr mit den ihr verfügbaren Machtmitteln den Kampf gegen Frankreich aufnehmen. Aber von vornherein gab es auch viel Unruhe im Lande selber. Maximilian konnte zunächst allerdings darauf pochen, daß die Stände, die fortfuhren, das große

legenheitserklärung hat; sie entstehen irgendwo durch witzige Beziehung oder auch ohne solche aus kleinem Anlaß, gefallen, und weil sie sozusagen Bedürfnis sind, verbreiten sie sich rapid; jedermann wendet sie schleunigst an. Jedenfalls bestanden die Hoeks hauptsächlich aus den großen und alten Familien, die Kabeljaus aus den mittleren Schichten der Städte und des Volkes. Daß sie jetzt wieder grimmig gegeneinander standen, konnte für Maximilian eine günstige Handhabe sein, die Hoekschen bewilligten ihm auch bereitwillig 80 000 Thaler; aber er

Abb. 36. Maximilian und Maria von Burgund.
Gleichzeitige Denkmünze.

brachte es dennoch nicht zu Ansehen im Lande; selbst die persönliche Beliebtheit, die er in Deutschland leicht erreichte, wollte sich bei dieser ebenso bedächtigen, wie selbstgefälligen Bevölkerung nicht erwecken lassen. Er kam nicht recht aus den Lehens- und Beamtentraditionen seiner österreichischen Heimat los, hatte wenig Begriff von den vorwiegend städtischen und halb republikanischen dem Verhältnissen seiner neuen Umgebung und entsprechenden Wesen der Leute; er war aber andererseits auch kein Reaktionär, dachte an nichts weniger, als etwa entschlossen an die Spitze der Hoeks zu treten, alle in den älteren und ritterlich-feudalen Überlieferungen stehenden Elemente um sich zu sammeln — kurzum, er war niemandem ganz recht und eigentlich überflüssig. Daß er über die Franzosen den fröhlichen Feldsieg von Guinegate (1479) errang (Abb. 37), brachte ihn den

Abb. 37. Aus den Marmortafeln am Innsbrucker Denkmal: Schlacht bei Guinegate.
(Nach einer Photographie von Fritz Grail in Innsbruck.)

Niederländern kaum näher und nützte nicht einmal sichtlich für den Krieg selbst; im ganzen schleppte sich dieser lahm in Waffenstillständen dahin.

Indessen Maximilian war glücklich, was ihm ja so leicht wurde zu sein. Und hier war eine Veranlassung dazu, solche, die echt war und ist und bleiben wird, solange eigenes Menschentum und reines Herzens-

Maria war ein verständiges und liebenswertes junges Weib. Sie wollte, seit sie ihren Mann hatte, nur Gattin sein, keinen Vorrang vor einem Prinzgemahl als Erbin und Herzogin aufkommen lassen, sie ordnete sich aus freiestem Entschluß unter und wies ihm, wo sie nur Gelegenheit hatte, die öffentliche Stellung des vollgültigen Herrn und Regenten zu. Die Liebenswürdigkeit

Abb. 25. Maximilian und Maria lehren einander Hochdeutsch und Französisch.
Aus den Holzschnitten zum „Weißkunig".

glück wertvoller sind, als äußerer Erfolg und alle Güter des Ehrgeizes und der Machtbegierde. „Hätten wir Frieden, wir säßen wie im Rosengarten," schrieb er einmal in diesen Jahren. Aus der politischen Ehe der beiden Fürstenkinder, die sich vorher nie gesehen hatten, war eine schöne und reiche Liebe hervorgegangen, und neue reinste Freuden erwuchsen den beiden, als Maria 1478 einen Sohn, Philipp, 1480 eine Tochter, Margarete, gebar. Ein weiteres Kind, Franz, starb bald nach der Geburt (1481).

und Klugheit dieses Verfahrens wird dadurch nicht geschmälert, daß die kurze Versuchszeit ihres eigenen Regiments nicht danach angetan gewesen war, sie nach einer weiteren Fortsetzung Verlangen tragen zu lassen.

Wie ihr ganzes Wesen, war auch die Erscheinung Marias anziehend, allerdings mehr von jenem unmittelbaren lebendigen Zauber, der im Porträt immer etwas verliert. Ihre Augen nahmen jeden gefangen, und solche Frauen sind immer schön. Dazu

3*

war sie vollendet gewachsen, war lebhaft und
anmutig in ihrem ganzen Auftreten. So
ist von ihr der Eindruck einer auch äußer-
lich ungewöhnlich anziehenden jungen Frau
übriggeblieben. Jhr Körper war in mancherlei Übungen gewandt und gekräftigt; die
Tochter Karls des Kühnen teilte ohne
weiteres und ohne Anempfindung von vornherein die Vorliebe Maximilians für Reiten,
Jagen und Turnierspiel. Sie paßten beide
vortrefflich zusammen, indem sie sich teils
ergänzten, teils als gute Kameraden in gemeinsamen Neigungen begegneten. Freilich
in einer Kunst konnte er ihr nur zuschauen
und verzichtete darauf, das Schauspiel eines
allzu erwachseuen und vornehmen Schülers
zu bieten, in derjenigen, welche bekanntlich
in den Niederlanden ihre älteste Heimat hat:
wenn sie im Schlittschuhlauf auf den lang-
geschnäbelten Eisen sicher und mit heiter
geröteten Wangen dahinglitt.

Am traulichen Abend daheim
waren alte Abeutüren ihre liebste
Unterhaltung, die lasen sie zusammen und erlebten, ganz vertieft
in den Stoff, alle Gefahren uud
Sehnsucht, Trauer und Wonne
der liebenden Ritterpaare mit.
Oder sie vergnügten sich durch
wechselseitigen Unterricht (Abb.
38). Sie lehrte ihn französisch,
weil es die burgundische Hof-
sprache war, und er sie das
Hochdeutsch seiner Heimat, welches seit längerer Zeit die Grundlage einer mehr und mehr um
sich greifenden allgemein deutschen Kanzlei- und Schriftsprache
geworden war, die als solche
ja banach durch Luther zum
völligen Siege geführt werden
sollte. Die Volkssprache in den
Niederlanden bildeten übrigens,
von der kleinen wallonischen
Minderheit abgesehen, die vlä-
mischeu und holländischen, also
niederdeutsche Dialekte; um sich
hierin in erwünschter Weise ver-
ständlich machen zu können, ließ
Maximilian sich von einer Taine
des Hofes Unterricht erteilen.

Sein ganzes Leben hindurch
hat Maximilian Jagdabenteuer
gehabt, gesucht und dafür ge-

Abb. 39.
Jagdschwert Maxi-
miliaus samt Scheide
und Bestedmesser.
(Nach einer Photographie
von J. Löwy in Wien.)

sorgt, daß man von ihnen sprach. Durch
Gewandtheit und manchmal nur durch günstige Zufallsverkettung hat er für seine
Person den „Feind Unfalo", wie er im
Teuerdank allegorisierte, immer glücklich bestanden, aber ihm sein Liebstes rauben sollte
gerade die Art Übermut, womit er so gern
kokettierte.

Es war bei einer Reiherbeize im ersten
Frühjahr 1482. Maria erwartet ihr viertes
Kind, kann sich aber nicht entschließeu,
daheim zu bleiben, und reitet mit. Sie er-
späht einen großen sitzenden Reiher, treibt
ihr Roß näher heran und will den Falken
von der Hand lösen, da strauchelt und stürzt
das Pferd, wirft die Reiterin an einen
Baumstumpf und fällt auf sie. Man findet
außer anderen schweren Verletzungen einige
Rippen der Verunglückten gebrochen, die
schlimmste Folge sucht ihre Scham und Reue
zuerst noch zu verheimlichen.

Maximilian war in trost-
loser Verzweiflung und ver-
zagte laut, wenn er an ihrem
Schmerzenslager saß; dann
richtete sie ihn auf und be-
ruhigte ihn, soviel sie vermochte.
Aber wenn er nicht anwesend
war, dann brach ihre Jugend-
kraft und Lebenslust in leiden-
schaftliche Thränen aus, und sie
jammerte bitterlich um ihr ver-
scherztes junges Leben. Nahe
vor ihrem Ende ließ sie die
Ritter vom Goldenen Vließ an
ihr Bett treten und geloben,
daß sie ihren Kindern und
ihrem Gemahl unverbrüchliche
Treue halten würden. Maximilian war seit 1477 Groß-
meister des Ordens, da Karl
der Kühne selbst für den einstigen Gemahl seiner Tochter
die Nachfolge in dieser Würde
bestimmt hatte. Auf diesem
Wege ist, nebenbei gesagt, dieser berühmte burgundische Hof-
„Orden" zum ersten habs-
burgischen und somit österreichischen und spanischen geworden.

Am 27. März verschied
Maria, fünfundzwanzig Jahre
alt (Abb. 41). Jhr Verlust
hatte für den niedergeschmetterten

Abb. 40. Falke auf der Fauſt, mit Haube und Feſſel.
Gemälde eines Falkeniers von Hans Holbein, Königl. Gemäldeſammlung im Haag.
(Nach einer Criginalphotographie von Braun, Clément & Cie. in Dornach i. E. und Paris.)

Maximilian zugleich auch die Folge, daß er politiſch den Boden gänzlich unter den Füßen verlor. Er hätte auftreten ſollen als der natürliche Vormund des jungen Herzogs Philipp, ſeines Sohnes, aber die Vlamen erhoben Widerſpruch. Flandern mit Brügge und Gent ward als das Hauptland im niederländiſchen Burgund angeſehen, und ſo übten die Vlamen eine Art Führerſchaft und Hegemonie aus; ſie entriſſen ihm den Knaben, gerade ſo, wie ſie ſich einſt der Perſon Mariens bemächtigt hatten, und ſetzten einen Regentſchaftsrat ein. Auch begannen ſie, wie damals, ſelbſtändig mit dem drohenden Frankreich zu unterhandeln. Noch 1482, im Dezember, ſchloſſen ſie den Vertrag zu Arras ab. Darin verlobten ſie dem franzöſiſchen Dauphin Karl die zweijährige Tochter Maximilians und Marias, Margarete, und lieferten als ihren Brautſchatz an Ludwig XI. die ihrer

Verfügung gar nicht zuſtehende Freigrafſchaft und Artois, ſowie das Kind ſelber aus, damit es am franzöſiſchen Hofe erzogen oder vielmehr als ſicherſtes Pfand des Vertrages dort in ſanfter Verwahrung gehalten werde. Einſt hatte die franzöſiſche Politik Karl mit Maria vermählen wollen, jetzt erpreßte ſie die Tochter. Die ganze damalige Staatengeſchichte ſpielt ſich weſentlich in den Heiratsplänen und Ehebündniſſen der großen Familien ab, das Haus Habsburg ſtand damit keineswegs allein, ſie trieben's alle, nur die anderen nicht mit ſo überraſchendem ſchließlichem Erfolg.

Maximilian durfte ſich mehr wie je eingeſtehen, er ſei die entbehrlichſte Perſon im Lande. Und doch konnte er nicht einmal davongehen. Im Reiche war er nichts, hatte dort weder Amt noch Stätte, in den Erblanden wußte ihn der mißtrauiſche Vater

nach der neidigen Art der Unthätigen nicht
gern. So blieb er also da, lag den Niederlanden auf der Tasche und sah zu, wie nun
nach der Ablaufung des äußeren Feindes
die inneren Streitigkeiten hoch emporflammm-
ten, Hocks und Kabeljaus einander grimmig
und schonungslos bekriegten.

In der europäischen Geschichte geht die
Roheit um, ohne einer Nation speciell zu-
gesprochen werden zu können. Die Völker
weisen einzeln in den Wandlungen ihrer Geschichte die ganze Stufenleiter zwischen Selbst-

Besonders stand Brügge in diesem Rufe, und
manche Firmen und Kontore fanden darin
die erste Veranlassung, nach Antwerpen über-
zusiedeln. Durch die Straßen der niederländischen Städte tobte der politische Mord
und drang auch über die Gräben und Zug-
brücken der Burgen. Selbst junge schöne
Frauen schürten mit jener Grausamkeit, die
eine entartete Form der Sinnenlust ist, den
blutgierigen Haß und betrachteten vornehme
Geburt eher als eine Aufforderung zur
Emancipation von aller weiblichen Sitte.

Abb. 41. Grabmal der Maria von Burgund in der Liebfrauenkirche zu Brügge.

beherrschung und unmenschlicher, oder vielmehr, da das Tier so roh nicht ist, teuflisch
behaglicher Grausamkeit auf. Aber die Peri-
ode des Tiefstandes fällt bei den einzelnen
in verschiedene Zeit, und nach der Reihe
zeichnet sich je eine Nation vor den übrigen
unvorteilhaft aus, bald Italiener, bald
Teutsche, bald Spanier, bald Franzosen,
bald Engländer. Übrigens nicht bei allen
gleich abscheulich, gleich dauernd oder leicht
wiedererwachend. Im XV. Jahrhundert war
die selbstgefällige Roheit zu Hause bei den
Niederländern, denen sie dann auch als
kolonialen Eroberern nach den Spaniern
und vor den Engländern wiedergekehrt ist.

Wer gefangen ward, der sah zumeist den Tod,
als Strafe aber war der Tod längst nicht
mehr genug, er mußte noch zur Augenweide
scheußlicher Zuschauer durch Marterung aus-
geschmückt werden. Nur eine Begebenheit sei
erzählt, keine besonders ausgesuchte und lange
nicht die blutigste, aber ebendarum ein
gutes, allgemein bezeichnendes Durchschnitts-
beispiel. Die Hoekschen lagen stürmend vor
der Kirche von Barneveld, deren Turm als
Citadelle des Dorfes diente, wie im Mittelalter durchweg die quabergefügten oder mauer-
festen Kirchtürme der nicht befestigten Orte.
Die Verteidiger waren zur Übergabe bereit,
aber die Belagerer wollten diese nicht an-

Abb. 42. Erinnerungsmünze mit den Bildnissen Maximilians I. und der Maria von Burgund.

nehmen, ehe nicht zuvor der Befehlshaber drinnen, Jan van Schaffelar, vom Turm heruntergeworfen würde. Das verweigerten, um so mehr als gar keine persönliche Veranlassung für die Forderung vorlag, die Eingeschlossenen, wenn es ihnen nun auch allen ans Leben gehen sollte. Da opferte Jan sich selber und ließ den Belagerern sagen, er werde sich trotz der Seinen freiwillig herabstürzen. Sie waren es zufrieden und umstellten den Turm rings mit Leuten, die ihn auf Lanzenspitzen auffangen mußten.

Bei den erbitterten Spaltungen und Kämpfen im Lande kam aber Maximilian, obwohl seine Neutralität nur Ohnmacht war, allmählich doch wieder zu Ansehen. Auch daß Ludwig XI. im April 1483 gestorben war und nun in Frankreich, wie in Burgund, ein Unmündiger Throninhaber war, kam ihm zu gute; es war weniger Komplikation von außen zu fürchten. Im Jahre 1485 gestand ihm Flandern die Vormundschaft über Marias Sohn zu und lieferte den jungen Herzog aus, nur durfte er ihn nicht mit sich aus dem Lande nehmen. Endlich also hatte der Erzherzog ein festes Amt. Und nun sollte er bald auch noch

Abb. 43. Burgundischer Holzbecher. Original im k. u. k. kunsthistorischen Hofmuseum zu Wien.

zu einer anderen Würde und zu ganz großen Aussichten gelangen. Dem Schicksal, das die Wage seines Glückes und Niederliegens sein ganzes Leben durch unruhig hin und her schwanken ließ, beliebte es für eine Weile, nur die Schale des Glückes zu füllen.

Kaiser Friedrich hatte seit längerer Zeit den Ungarnkönig Matthias Corvinus durch Versäumnis verschiedener eingegangener Verpflichtungen schwer gereizt. Matthias begann im Sommer 1485 Krieg, drang in Österreich ein und besetzte die Hauptstadt Wien. Friedrich mußte fliehen und kam nach Innsbruck, worüber sein Vetter, der Herzog Siegmund, nicht sonderlich erfreut war. Von Tirol ging er nach Schwaben weiter und lagerte sich hier in Klöstern und Reichsstädten ein, als begehrlicher, unlieber Gast. Nicht allen gelang es, wie dem Reutlinger Rat, sich die Ehre des kaiserlichen Besuches zu verbitten, da man mit Küche und Herberge nicht gar wohl versehen sei. Aber zu einem ward diese peinliche und niedrige Situation doch gut: endlich ließ sich Friedrich bereit finden, sich mit dem Sohne in Beziehung zu setzen. Es war der tüchtige und treue kaiserliche Rat Graf Hug von

Werdenberg, der dem unlustigen Alten diesen
Schritt abrang. Gerade damals hatten manche begonnen, für das Reich und den ungarischen Handel auf Maximilian zu sehen.
Er war wenigstens mutig und tapfer, in
manchem immerhin bewährt und in letzter
Zeit auch erfolgreich; zudem ist alle Welt
nun einmal und nicht mit Unrecht der
Meinung, daß Fortuna als ein Weib es
lieber mit der Jugend hält.

Der Kaiser selbst, obwohl hochbetagt und
46 Jahre an der Regierung, war bisher
das Haupthindernis für den Gedanken gewesen, dem 26 jährigen Maximilian die
Nachfolge im Reiche zu verschaffen. Letzterer
war bei weitem nicht so selbstverständlich oder
auch nur naheliegend, als es nachträglich
leicht erscheinen mag, wo jedermann den

Abb. 43. Knabenharnisch Philipps des Schönen.
(Nach einer Photographie von J. Löwy in Wien.)

Kaiser Maximilian kennt. Das alte dy-
nastische Kaisertum der regierenden Familien
hatte mit den Staufern sein Ende genommen. Seit dem Interregnum war Deutschland
nach der längst grundsätzlich vorhandenen
und endlich siegreichen Politik der Territorialherren ein vollkommenes Wahlreich geworden, und die Geschlechter hatten bunt
gewechselt, aus denen man den Träger der
Krone herausgriff. Keineswegs hatte seitdem
Hausmacht an sich, sondern bis jetzt eher
ausnahmsweise bei bestimmten Anlässen die
Bewerber zur Wahl empfohlen. Habsburg
war wohl beharrlich immer wiedergekehrt,
aber nur umschichtig mit den anderen
Häusern und auch nicht in der Weise, daß
man sich an eine bestimmte habsburgische
Linie hielt. Ebenso war seit dem Interregnum kein römischer König mehr bei
Lebzeiten des Kaisers als Nachfolger er-
wählt worden. Was Maximilian anlangte,
so fiel bei ihm eine eigene Machtstellung
gerade zur Zeit nicht sonderlich ins Gewicht.

Abb. 44. Reiterharnisch des Herzogs Siegmund
von Tirol. Um 1470.
(Nach einer Photographie von J. Löwy in Wien.)

Abb. 46. Maximilian.
Gemälde von Lucas von Leyden in der k. und k. Gemäldegalerie zu Wien.
(Nach einer Photographie von J. Löwy in Wien.)

Das Herzogtum Österreich — vielmehr Erzherzogtum, Archi-Ducatus, wie es seit 1453 durch Friedrichs III. Verleihung hieß —, das Maximilian mit einigen Nebenländern einmal als Erbe erwarten konnte, befand sich größtenteils in den Händen der Ungarn.

Für den zweiten größeren habsburgischen Komplex, Tirol und Vorderösterreich, war kein direkter Nachfolger vorhanden, auch, obwohl Sigismund 1484 noch einmal wieder geheiratet hatte, kaum zu erwarten. Aber es bestand die Möglichkeit, daß der miß-

mutige Herr das Land teilweise (nämlich
Tirol) an den Münchener Herzog verschenke
zur Vereinigung mit dem volklich alt verwandten Bayern, teilweise es weghandle,
wie er es mit einigen der westlichsten Gebiete
am Rhein ja schon begonnen hatte. Schwer-
lich hätte sich eine Reichsinstanz bewogen
oder imstande gefühlt, hindernd einzuschreiten.
Die einzige Position, die Maximilian inne
hatte, war also die burgundische Regentschaft,
die aber auch nach etlichen Jahren, wenn
ihr nicht schon vorher wieder ein unnatürliches
Ende gemacht wurde, ablaufen mußte und
bis dahin eher eine lästige Quelle von Ver-
wickelungen des Reichs in habsburgische In-
teressenkämpfe werden konnte. Es gehörte
der phantasiereiche Optimismus Maximilians
dazu, unter den Umständen, wie sie waren,
König werden zu wollen. Aber er wollte
es, und das ist immer schon etwas oder
viel. Wenn das hartnäckigste Hindernis für
die Verwirklichung bisher der alte Kaiser
gewesen war, so konnte dieser Umstand
dem Sohne bei seinen geduldigen Verhandlungen mit den Kurfürsten in dem pro und
contra der Stimmungen und Interessen in
mancher Beziehung eher eine Fürsprache sein.

Jetzt also, im Dezember 1485, kamen
Vater und Sohn in Aachen zusammen, be-
sprachen und verständigten sich, und auf den

Abb. 48. Anna von Bretagne.
Denkmünze von 1499 aus Lyon.

Februar 1486 schrieb der Kaiser einen Reichstag nach Frankfurt am Main aus, wo die
Angelegenheit der Königswahl, für welche
Frankfurt ja schon seit längerer Zeit der
herkömmliche Ort geworden war, an die
Kurfürsten gebracht werden sollte. Noch zu
guter letzt wuchsen die Schwierigkeiten wieder bedenklich in die Höhe; Frankreich und
Ungarn ließen nichts unversucht, um der
neuen Wahl aus demjenigen Hause, das
durch die Verhältnisse ihr natürlichster Gegner
war, Schwierigkeiten zu
machen, und auch Friedrich,
obwohl er selbst die Wahl
beantragte, konnte es sich nicht
versagen, noch wieder möglichst viel Kauteln und Ein-
würfe einzumengen. Dennoch
erfolgte schließlich sogar eine
einstimmige Wahl Maximi-
lians. Die einen, wie der
edele und tapfere Albrecht
Achilles von Brandenburg,
wählten ihn, weil sie sich
für das Reich einer kraftvollen Leitung von dem so
feurig redenden jungen Herrn
versahen; die anderen, wie
Bertold von Mainz, weil
sie ihn der von ihnen ge-
planten „Reichsreform", die
eine starke Verminderung der
kaiserlichen Souveränität in
sich schloß, nicht so ab-
geneigt fanden, daß sie viel

Abb. 47. Siegel Maximilians als römischen Königs.

Widerstand von ihm erwarteten. So also ward auf dem Reichstage zu Frankfurt Maximilian am 16. Februar 1486 zum Römischen König gewählt. Während des Wahlaktes in der Bartholomäuskirche saß Kaiser Friedrich wartend in dem Zimmer der Bücherei, und als ihm der Ausgang gemeldet wurde, da mußte er, wie berichtet wird, mildiglich weinen. Nach Jahrhunderten zum erstenmale erblickte wieder ein Kaiser seinen gewählten Nachfolger, es war ein Ereignis geschehen, das nicht ohne besondere Wirkung bleiben konnte. Der Wahltag von 1486 und der nächste, die Wahl Karls V. 1519, sie bilden denn auch in der That die beiden folgenwichtigen Vorgänge, durch welche das habsburgische Haus zur thatsächlichen Erblichkeit in der Kaiserwürde gelangt ist (Abb. 47).

Zur Krönung ritten die Kurfürsten und ein ansehnliches Gefolge von Fürsten und Herren mit dem Kaiser und dem König den Rhein hinunter und nach der Stadt Karls des Großen. Der Einzug in Aachen, vor den Thoren festlich vorbereitet, dauerte mehrere Stunden und bot alles erwünschte Gepränge. Wir stehen gerade in der Zeit, wo derartige Prunkschaustellungen im westlichen Europa ihren Höhepunkt erreichten, nachdem die Renaissance sowohl in ihrer Heimat Italien, wie in Deutschland und Frankreich die Fürsteneinholungen, die großen Hochzeitszüge und sonstigen Prachtveranstaltungen zu kostbarer und harmonischer Vollendung ausgebildet hatte. Die künstlerischen Triumphzüge, wie sie von Dürer, Burgkmair und anderen damals und weiterhin entworfen und durch den Formenschnitt unter das Publikum verbreitet wurden, waren also keineswegs Gebilde der Allegorie oder dekorativen Phantasie, sondern Schilderungen und Entwürfe, die sich an die wirklichen

Festveranstaltungen der Höfe anlehnten oder unter Umständen ihnen vorausgingen.

Die Reichsstadt Nürnberg hatte die Reichskleinodien und Kroninsignien, welche bei ihr seit 1424 in Verwahrung waren, und die heute in Wien sind, nach Aachen gesandt, und am 9. April geschah die Krönung. Nach dem Empfang der römischen

Abb. 49. Kunz von der Rosen.
Kupferstich von Daniel Hopfer. (Zweiter Abdruck, durch hinzugefügte Schrift zu einem Bildnis des Klaus Störtebeker verunechtet.)

Krone im Münster saß Maximilian auf dem steinernen Stuhle Karls des Großen und erteilte zweihundert ritterbürtigen Anwärtern den Ritterschlag. Danach erfolgte im Rathause das hoch feierliche Krönungsmahl. Auf der obersten Stufe der Estrade im Saal saßen der Kaiser und der König, mehrere Stufen tiefer die Kurfürsten. Ehe sich der Pfalzgraf und Kurfürst bei Rheine am Tische seiner Standesgenossen niederließ, hatte er noch seines Erzamtes zu walten.

Abb. 50. Denkmünze auf Karl VIII. von Frankreich.
Nach einem Exemplar im Königl. Münzkabinett zu Berlin.

Er war des heiligen Römischen Reiches und des Königs Erztruchseß oder Dapifer; als solcher begab er sich in die Ratsküche und trug mit dem gebührenden Ceremoniell eine verdeckt hergerichtete besondere Schüssel für den Tisch des Königs herbei.

Gleichzeitig fehlten die Veranstaltungen nicht, auf die das Volk draußen harrte. Im Rathaushofe lief ein Brunnen aus drei Röhren mit Rheinwein und ein Ochs ward gebraten, in dem stal ein Schwein, in dem wieder eine Gans, in der ein Huhn und so ähnlich immer kleiner herab, mehr zum Erzählen als sonderlich gut zu essen, ein rechtes Beispiel der damaligen, so gern grotesken Gastronomie. Auf dem Markt war ein Berg Hafer aufgeschüttet, in den ritt nach der Tafel der Kurfürst von Sachsen als Erzmarschall hinein, bis das Roß fest stak, bog sich dann aus dem Bügel, füllte ein silbernes Gefäß mit dem Hafer, strich ab mit silbernem Stabe und schüttete den Inhalt des Gefäßes einem Nahestehenden in den erhobenen weiten Ärmel. Kaum erkennt man in dieser Ceremonie, zumal die Pointe possenhaft verunstaltet ist, noch den ursprünglichen Sinn des Hofdienstes für den König durch seinen Marschall wieder, wie man freilich ebensowenig leicht in des Reiches oberstem oder Erzmarschall ohne weiteres den Marschall, den Mährenknecht aus der verschollenen germanischen Einfachheit des frühesten Merowingerhofes wiedererkennt. Das silberne Gerät und das Roß empfing dann der Reichsmarschall von

Pappenheim nach altem Anspruch seines Amtes vom Erzmarschall zur Beute, und um den Hafer raufte das Volk.

Dem Könige im Saal wurden unterdes Ehrengeschenke dargebracht. Er war in einer seiner großen Stimmungen, sehr zu gnädigen Scherzen aufgelegt und dankbar für alle Objekte und Zuhörer. Unter anderen erschien eine Abordnung der Ortsjuden und überreichte das für sie übliche Körbchen mit goldenen Eiern. Maximilian in seiner Laune sagte den spitzbärtigen Überbringern, sie möchten doch noch ein wenig da bleiben, womit er ihnen unbeabsichtigt eine heillose Angst einjagte. Denn die Aufmerksamkeiten hoher Herren gegen die Söhne Israels durften in der Regel als bare Münze betrachtet werden, nämlich als solche, die sie bezahlen sollten. Man konnte nichts wissen, und das Geschäft mit den Königen war damals noch schlecht. Sie baten also flehentlich, er möge sie hinauslassen, und da er gewährend sagte, zwar ungern lasse man Hühner fliegen, die so kostbare Eier legten, machten sie sich unter allgemeiner Heiterkeit schleunigst davon.

Es war doch vieles erreicht. Maximilian war König und zwar durch das einhellige Vertrauen der Wähler. Die Habsburger erkannten es als Zeichen, daß das Reich sie nicht im Stich lassen und ihre Länderwerbungen als einen Gewinn des deutschen Kaisertums ansehen wolle. So schmiedeten sie das Eisen, solange sie es warm wußten, und erreichten auf dem Reichstage von Nürnberg 1487 den Beschluß eines Ungarnkrieges. Indessen die Ausführung blieb unzulänglich, trotzdem der „rechte Arm des Reiches", wie man ihn nannte, Albrecht von Sachsen, den Befehl führte; Österreich blieb in den feindlichen Händen und es zeigte sich, daß die Krone für solche Zwecke anderer Kräfte bedürfte, als der mühsam bewilligten und dann stets nur zum kleinsten Teile wirklich geleisteten Reichs „hilfen". Da wurden gerade in diesem Moment solche Kräfte gefunden, indem 1488 die Gründung des Schwäbischen Bundes gelang, der den erwählten Trägern der Kaiser- und Königskrone eine neue und nicht unerhebliche Macht zur Verfügung stellte.

Das Herzogtum Schwaben oder Alamannien, was dasselbe ist, umfaßte von heutigen Gebieten einst Württemberg, Hohenzollern, bayerisch Schwaben, Vorarlberg, die deutsche und rhätische Schweiz, Südbaden bis zur Aos und Murg und das ganze Elsaß. Der Bodensee, der fast genau den geographischen Mittelpunkt des weiten alamannischen Umkreises bildet, war damals also noch viel richtiger das „Schwäbische Meer" als heute, wo sich der volkstümliche Begriff Schwaben vor den Oberhand gewinnenden neuen Ländernamen auf die oberen Neckar- und Donaugebiete zurückgezogen oder für viele mit dem Königreich Württemberg vorzugsweise verbunden hat. Hat ihn doch auch im bayerischen Schwaben nur der gute historische Sinn des Königs Ludwig I. gegenüber einer bureaukratisch-künstlichen Umbenennung zu retten vermocht.

Der ducatus Alamanniae oder Sveviae, das schwäbische Herzogtum, hat bestanden bis zum Untergange der Staufer, mit denen er seine Herzöge verlor. Nach dem Interregnum dachte begreiflicherweise König Rudolf von Habsburg eifriges Planen auch daran, dies alte Stammgebiet durch ein, seinen Söhnen zu nutz, erneuertes Herzogtum wieder zusammenzufassen. Aber dies gelang nicht, und sein Haus mußte sich mit Einzelerwerbungen begnügen. Diese hat es durch Generationen beharrlich fortgesetzt, so daß die ursprünglich auch schwäbischen, aber ganz linksrheinischen Habsburger immer mehr auch

Abb. 51. Aus den Marmortafeln am Innsbrucker Denkmal: Empfang der Tochter Margareta.
(Nach einer Photographie von Fritz Gratl in Innsbruck.)

im Breisgau und in der Ortenau, auf dem Schwarzwald und der Baar, sowie im heutigen Württemberg mit die bedeutendsten Territorial- und Grundherren wurden. Daher waren sie als Nachbar, Freund oder Widerpart aufs engste verflochten in die Kleinpolitik all der schwäbischen Grafen- und Herrenfamilien, von denen besonders die von Wirtemberg ansehnlich waren, indem sie ebenso wie die von Teck, von Helfenstein und manche andere die oberhauptlose Zeit des Interregnums eifrig ausgenützt hatten, Reichs- und Staufergut in ihre Hand zu bringen. Daß die Reichsgewalt nach einer schon älteren, specifisch habsburgischen Erfindung Landvogteibezirke einrichtete, mit denen der Kaiser einzelne schwäbische Große belehnte, vermochte den dauernden Fortfall des Herzogtums entfernt nicht wett zu machen. Schwaben blieb ein Konglomerat von neben- und durcheinander gelegenen Grafschaften, Bistumsgebieten, Abteien, freiherrlichen Gebieten, Herrschaften, Ordenskommenden, Reichsstädten und sonstigen kleinen Einheiten bis herab zu den Besitzungen vieler der Ritter und Ministerialen, die durch den Untergang der Staufer, welche als Kaiser oder als Herzöge des Landes ihre Dienstherren gewesen, nun ebenfalls selbständig geworden waren und auf den Burgen und Gütern, die sie einst als reisige Dienstmannen vom Reiche oder vom Herzogtum zu Lehen empfangen hatten, jetzt gleich kleinen reichsfreien Herren saßen. Es war

natürlich, daß es unter solchen Umständen nie zur Ruhe in dem von so vielen, nahezu sich selbst überlassenen Selbständigkeiten eng besetzten Lande kam, daß Besitzverschiebung durch Fehde und alle anderen möglichen Arten von Erwerb und Verlust fortwährend die davon Betroffenen selbst und ihre Nachbarn in Atem hielt, und daß trotz des ewigen Landfriedens, der 1235 so feierlich verkündet worden war, vor allen anderen Territorien Schwaben das Land des ewigen Landunfriedens war. Zwar bildete sich allmählich die staatsrechtliche Fiktion aus, daß der Kaiser außer der allgemeinen Befugnis im Reiche solche noch in besonderer und näherer Weise über das herzoglose Schwaben ausübe, indessen ohne daß dadurch eine bessere Friedenswahrung hätte gewonnen werden können. So blieben denn die einzelnen auf die Selbsthilfe angewiesen, deren wesentlichstes Mittel ja zu allen Zeiten die Bildung von Genossenschaften gewesen ist. Aber auch nach deren Ausbildung stand bald wieder Bund gegen Bund, und die Fehden waren wohl seltener geworden, aber nur, weil sie jetzt sogleich weit umfänglicher und gefährlicher waren; der Unfriede hatte blos größere Formen angenommen. Jedermann kennt aus Uhlands Balladen und ihren sagendurchwebten Erzählungen die wichtigsten jener Bünde von Herren und Städten und die Erbitterung ihrer Kämpfe. Im Grunde nichts anderes als diese Herren-, Städte- und Rittergesellschaften war auch

Abb. 52. Denkmünze auf die Vermählung Philiberts von Savoyen und Margaretens, der Tochter Maximilians. Nach einem Exemplar im Königl. Münzkabinett zu Berlin.

der Bund der Eidgenossen in den
Alpenthälern des südlichsten Schwaben, der überdies die älteste dieser
Vereinigungen und diejenige ist,
die zu einer dauernden politischen
Schöpfung geführt hat. Im Jahre
1291 als Einung der Gemeinden von
Uri, Schwyz und Unterwalden gegen
Übergriffe unter König Albrecht I.
geschlossen, hat die Eidgenossenschaft gegen die Mitte des XIV.
Jahrhunderts die erste größere
Ausbreitung aus den Bergthälern
heraus gefunden und sich dann
wieder im XV. Jahrhundert bedeutend ausgedehnt. Dabei griff
sie schon über die alamannische
Grenze an der Reuß, wohin die
Landesgrenze im X. Jahrhundert
von der Aare zurückverlegt worden war, in das transjuranische
Burgund, die heutige westliche
Schweiz, hinüber. Auch die Vereinigung der „Eidgenossen" und
der „Bündner", der Mitglieder
des „Grauen Bundes" im rhätisch-
alamannischen Osten konnte nur
noch eine Frage der Zeit sein und
hat sich im Jahre 1498 gegenüber
Maximilian wirklich vollzogen.
Abwehr gegen Haus Habsburg,
den Erben des linksrheinischen Zähringer-
und des Kyburgergutes und größten Terri-
torialherrn im Gebiete der jetzigen Schweiz,
hat von jeher und schließlich bis zum Wiener
Kongreß die Entwickelung und Geschichte der
Eidgenossenschaft bestimmt, wie denn auch
ihr Kampf gegen Karl den Kühnen unmittelbar durch dessen bedrohliches Bündnis
mit dem Herzog Siegmund von Tirol her-
beigeführt war.

Nun war es ein wichtiges Ereignis,
daß der Kaiser auf diese in ganz Schwaben
so lebhafte Neigung zur Bündnisbildung
Einfluß erlangte. Wer der geistige Urheber
davon war und wie es gelang, ist eine
Frage, die neuerdings mit ausreichender
Bestimmtheit beantwortet worden ist.

Wir nannten schon früher den einsichts-
vollen und weitblickenden Rat des Kaisers,
Grafen Hug oder Hugo von Werdenberg.
Er gehörte selber einem der ältesten und
bedeutendsten reichsunmittelbaren schwäbischen
Geschlechter an, das urverwandt mit den

Abb. 53. Maximilian.
Dem Bernhard Strigel zugeschriebenes Aquarell in der Königl.
Universitätsbibliothek zu Erlangen.

Pfalzgrafen von Tübingen war und auch den
Namen von Montfort führte, übrigens nicht
etwa infolge jämmerlicher Französisierung
eines deutschen Namens — denn so waren
unsere damaligen deutschen Vorfahren nicht
—, sondern nach ihrer im rhätoroma-
nischen Gebiete gelegenen Burg, deren
Name mit allen Konsonanten ausgesprochen
wird. Die Montfort-Werdenberg waren
vornehmlich in der Bregenzer und Sankt
Galler Gegend sowie rheinaufwärts nach
Chur zu begütert, doch auch nördlich vom
Bodensee, wo ihre Burg Heiligenberg durch
Fernblick auf Bodensee und Alpen und durch
ihre (allerdings jüngere, der späteren Renaissance angehörige) Architektur eines der
berühmtesten und schönsten Schlösser Deutsch-
lands auch in der Gegenwart bildet. Hugo
von Werdenberg, des Kaisers Rat, gehörte
zugleich als schwäbischer Reichsstand und
als Mitglied und Hauptmann des adeligen
Bundes vom St. Georgs-Schild zu den
angesehensten Männern im Lande. Er nun

ist es gewesen, der des Kaisers Vorteil mit dem der schwäbischen Stände und ein wenig auch mit dem des eigenen Hauses in enge Beziehung gesetzt hat.

Auf dem Frankfurter Reichstage, der Maximilian wählte, war am 17. März 1486 auch wieder einmal ein zehnjähriger Landfriede im Reiche verkündet worden. Unter Berufung auf diesen und zu näheren Festsetzungen lud Friedrich III. auf den 26. Juli 1487 die Prälaten, Grafen, Herren, Städte und Ritter von Schwaben als seine un-mittelbaren und besonderen Unterworfenen nach Eßlingen ein. Was diesen Verhandlungen und Graf Hugos Thätigkeit von vornherein Fortgang verbürgte, war der Umstand, daß des Kaisers Hauptwidersacher, die Wittelsbacher in Bayern — die gerade die Reichsstadt Regensburg einverleibt hatten (1486), ganz als ob man wieder wie vor zwei Jahrhunderten im kaiserlosen Interregnum lebe - - schon die Selbständigkeit schwäbischer Stände bedrohten und besonders der Führerin der schwäbischen Städte, Ulm, schwere Sorgen bereiteten.

So wurde denn zu Eßlingen und später zu Ulm und Reutlingen mit allem Eifer und gutem schwäbischem Verstande über die Sache verhandelt. Das Ergebnis erwies sich als eine praktische Weiterbildung von Vorhandenem und schon Eingelebtem: der adelige St. Georgs-Schild im Hegau und am Bodensee wurde durch den Hinzutritt der Städte erweitert, ein Bundesrat und Bundesgericht gebildet, die Aufbringung eines Bundesheeres von 12 000 Fußknechten und 1200 Reisigen verteilt, und das rote Kreuz in Weiß, die Fahne St. Georgs, nun zum allgemeinen Abzeichen auch des weiteren Bundes erklärt. Dem Kaiser war eine maßgebliche Einwirkung eingeräumt, und der Beitritt der Fürsten und größeren Reichsstände vorbehalten. Herzog Siegmund als Herr von Vorderösterreich und Graf Eberhard von

Abb. 54. Altarbild, im Hintergrunde Innsbruck.
Gemalde von Erb. Scheel im Tiroler Landesmuseum Ferdinandeum zu Innsbruck.

Abb. 55. Innsbruck vom Inn aus. Zeichnung von Albrecht Dürer in der k. u. k. Gemäldegalerie zu Wien.
(Nach einer Originalphotographie von Braun, Clément & Cie. in Dornach i. E. und Paris.)

Württemberg konnten sich in der That der Anmeldung nicht entziehen, und der 14. Februar 1488, wo diese beiden mächtigsten Territorialherren innerhalb Schwabens aufgenommen wurden, gilt als der eigentliche Stiftungstag des Bundes, dessen Gründungsurkunde am 10. März desselben Jahres ratifiziert ward.

Nicht alle traten bei. Vor allem die Eidgenossen, obwohl schwäbische Stände, nicht, und man kann es ihnen nicht verdenken, wenn sie kein Werkzeug für ihre alten Bedränger werden wollten. Auch die Stadt Rottweil, die sich zur Eidgenossenschaft hielt, gab kein Gehör. Aber, so sehr die Gründung des Schwäbischen Bundes zur Erweiterung der Kluft zwischen den Eidgenossen und ihren nördlicheren schwäbischen Stammesbrüdern beigetragen haben mag, der Bund hat doch auch wiederum der begonnenen, durch jenes Beispiel Rottweils gezeigten Abbröckelung einzelner Stände vom Reichsgedanken zur Eidgenossenschaft und zu deren kaum mehr zu bessernder Reichsgleichgültigkeit hinüber Einhalt gethan. Überhaupt wurde er weithin in Süddeutschland als eine wichtige politische Errungenschaft empfunden. Fürsten außerhalb Schwabens traten bei, die Markgrafen von Ansbach und Baireuth, getreu der unwandelbar reichischen Haltung ihres Vaters, des Kurfürsten Albrecht Achilles von Brandenburg, der auf dem Frankfurter Reichstage von 1486 gestorben war, wohin er trotz Krankheit und Alterslast noch eilte, um Maximilian, die Hoffnung des Reiches, zu wählen und vor ihm im Erzamt das Scepter zu tragen; ferner Kurfürst Bertold von Mainz und der nur teilweise über schwäbisches Gebiet regierende, wesentlich fränkische Markgraf Christoph von Baden. Der alte Kaiser und Maximilian sahen eine machtvolle Waffe in ihrer Hand gegen das rivalisierende Haus, denn den Wittelsbachern sowohl in Kurpfalz wie in Bayern waren nun ihre Nachbarn zu Hütern des kaiserlichen Interesses gesetzt. Hier war einmal ein Erfolg, der nicht durch das Harren und Sichbucken Friedrichs III. der Zeit abgewonnen war, sondern von den Seinen und für ihn unmittelbar errungen.

Aber gleich darauf sahen die Kräfte, die einander in diesen hoffnungsfrohen Jahren die Hand gereicht hatten, alles wieder ins Stocken geraten. Als man Maximilian wählte, hatte man dadurch auch burgundische

Abb. 56. Beatrix von Neapel, Gemahlin Matthias Corvinus'.
Relief im k. u. k. kunsthistorischen Hofmuseum zu Wien.

Hilfe für den auf jeden Fall unvermeidlichen Ungarnkrieg zu gewinnen und das Reich zu entlasten gemeint. Statt dessen erfuhr man jetzt in schonungsloser Deutlichkeit, warum daraus nie etwas werden konnte, sah, wie abhängig überhaupt Maximilian mit seinen Burgundern stand und daß vielmehr ihm das Reich gegen sie

helfen müsse. Bald nach der Wahl war er dem Auge der Deutschen unverhofft wieder entschwunden, und jetzt scholl durchs Reich, er liege zu Brügge in Gefangenschaft seiner Bürger.

Das durch die Wahl Maximilians schwer gereizte Frankreich hatte den Krieg wieder heftiger entfacht und im August 1487 einen

Abb. 57. Matthias Corvinus, König von Ungarn.
Relief im k. u. k. kunsthistorischen Hofmuseum zu Wien.

völligen Sieg bei Bethune erfochten. Die Landsknechte, die Maximilian aus zusammengelaufenem deutschem und schweizerischem Kriegsvolk nach Burgund geführt und auf diesem Versuchsfelde – es wird davon noch zu reden sein – systematisch als neue Truppe zu geordneter und umfänglicher Verwendung auszubilden gesucht hatte, waren geschlagen worden, und alsbald erhob sich überall im Lande die helle Wut gegen diese sieglosen und ungebärdigen Fremden. Die Flamen hatten ohnedies einen besonderen Anlaß. Damals begann England mit der Tuchweberei Flanderns zu konkurrieren, und die Handelsverträge Maximilians mit König Heinrich VII. erschlossen den englischen Er-

4*

zeugnissen die niederländischen Häfen, so daß
sich in den brabantischen Seestädten, wo
keine einheimische Fabrikation Schaden litt,
ein lebhafter Handelsverkehr mit englischem
Tuch entwickelte und somit, anstatt eines,
sogar zwei mit Flandern in Wettbewerb
stehende wirtschaftliche Gegner blühenden
Vorteil hatten. Diese Sachlage erspähte die
Regierung Karls VIII. und sprach Maximilian überhaupt des französischen Lehens
der Grafschaft Flandern verlustig, die Flamen

sich unter den 52 Bannern der Gilden und
zog, sogar mit ihren 50 Kanonen, vor
die herzogliche Pfalz, den heute fast ver-
schwundenen Fürstenhof, wo Maximilian mit
Maria gewohnt, wo sie den Landesherrn,
Philipp, geboren hatte, und wo nun der
verwitwete Regent sich aufhielt. Und hinterdrein hinter der immerhin noch bedächtigeren
Bürgerschaft der Gilden drängte johlender
Pöbel, der aus den schlimmsten Absichten
rohe Späße machte. Mit Mühe behielten

Abb. 56. Aus den Reliefs am Innsbrucker Denkmal: Erstürmung von Stuhlweißenburg.
(Nach einer Photographie von Fritz Gratl in Innsbruck.)

jeder Rücksicht auf ihn entbindend. Trotz
alledem war Maximilian so unvorsichtig
oder richtiger keck — es verhieß ihm ja
eine Art Abenteuer —, aus dem sicheren
Brabant fort nach Brügge zu gehen. Ja,
als nun die Genter sich in offenem Aufstand erhoben und unter dem Vorgeben,
sich gegen die Landsknechte zu schützen, die
herzoglichen Schlösser einnahmen, sandte er
noch sein kleines bewaffnetes Gefolge fort
gegen Gent und blieb allein zurück.

Tags darauf riegelte die Bürgerschaft
von Brügge ihre Thore zu, versammelte

jene die Oberhand und retteten, während
die Pfalz geplündert ward, den wehrlosen
König in das steinerne Haus eines Gewürz-
kaufmanns, wo sie ihn durch 400 Mann
zugleich bewachten und verteidigten.

Er selber verlor seine Würde nicht
und sprach so königlich zu den Führern,
daß sie begriffen, kein leichtes Werk auf sich
genommen zu haben. Aber frei kam er
darum nicht, sondern es begannen für ihn
äußerst peinliche Wochen. Immer mehr
gewann der Aufruhr Oberhand, seine Räte
wurden auf offenem Markt dem Volke zur

Bildnis der Bianca Maria Sforza, zweiten Gemahlin Maximilians. Ölgemälde von A. de Predis
in der K. u. K. Gemäldegalerie in Wien.
Nach einer Originalphotographie von J. Löwn in Wien.

Luft gefoltert, folche Bürger, die einzelne schützen wollten, gemartert und enthauptet, der König felber lebte in Kränkung und Bedrohung und aß feine Speife nur unter fteter Giftbeforgnis. Der Einlaß der wilden Genter in Brügge konnte den völligen Sieg der Volkstyrannei bezeichnen.

Inzwischen gefchah doch mancherlei zur Löfung des Gefangenen. Es ift bald danach erzählt worden, allerdings bedenklich anklingend an bekannte Mufter, Maximilians Narr, Kunz von der Rofen (Abb. 49), fei bei feinen verfchiedenen Verfuchen, den König auf eigene Hand zu befreien, einmal als Beichtiger glücklich zu ihm gelangt, Maximilian aber habe abgelehnt, den treuen Mann den Wächtern zurückzulaffen und in deffen Verkleidung davonzufchleichen. Jedenfalls drängten verfchiedene Obrigkeiten, fowohl aus den Niederlanden felber, wie auch der Papft durch den Erzbifchof von Köln, die Brügger zu einer Verftändigung. Der Kaifer rief das Reich und fand auch viel guten Willen, am wenigften bei den Kurfürften, welche

So fand Maximilian bei feinen Verhandlungen plötzlich ein befchleunigtes Entgegenkommen. Am 16. Mai kam er los und fchwor Urfehde, alles getreulich zu halten und nichts nachzutragen.

Er verfprach Entlaffung feiner Truppen aus den Niederlanden binnen wenig Tagen,

Abb. 50. Aus dem Gebetbuch der Bianca Maria Sforza.
Original im k. u. k. Hofmufeum zu Wien.

glaubten, mit jenen Rebellen in gütlicher Freundfchaftlichkeit paktieren zu können, am meiften in den Städten, die die Schmach am deutlichften empfanden und damit zeigten, welcher Stand damals am tüchtigften Herz und Kraft der Deutfchen vertrat. Es war doch ein Heer, wie lange keines zufammengekommen war, das fich in Köln fammelte und rafch vordrang.

Verzicht für Flandern auf die Vormundfchaft über Philipp, Zugeftändnis einer jährlich zufammentretenden, „im Namen" Philipps autonom verfügenden Regierungsverfammlung der niederländifchen Staaten und Friedensverhandlungen mit Frankreich. Er vergab alles, verpflichtete fich, Kaifer, Kurfürften und Papft zur Anerkennung diefes Abkommens zu bewegen, und nahm eine Belohnung, Entschädigung, oder wie man so etwas bezeichnen will, von jährlich 1000 Pfund Groschen an. Dann eilte er dem Vater entgegen und traf am 24. Mai mit ihm und dem deutschen Heere bei Löwen zusammen.

Der Alte nahm kein Tischmesser und zerschnitt das Tafeltuch zwischen sich und dem durch Eid zum Frieden genötigten Sohne, sondern schloß ihn in die Arme und überlegte, wie man es nun zu machen habe. Es ist wohl nicht zu bezweifeln, daß Maximilian zunächst um Achtung seines Eides gebeten hat. Aber als dann die Herren im Rat entschieden, Brügge habe wider Treue und Recht gehandelt und einen nichtigen Eid erzwungen, da ließ auch er es gut sein. Er blieb sogar noch eine Weile beim Heere, dessen Führung gegen die Aufständischen dem Herzog Albrecht von Sachsen übertragen wurde.

Diesem überließ man bald danach, den Krieg aus eigenen Mitteln weiterzuführen, sozusagen als Unternehmer, was

Abb. 60. Statue aus der Hofkirche zu Innsbruck: Blanca Maria Sforza. (Nach einer Photographie von Fritz Gratl in Innsbruck.)

seinen Namen als der albertinischen hinterlassen hat. Seinem Herrn so zu dienen, daß man 1000 Jahre davon schreiben solle, das war die Meinung dieses wackeren Fürsten im Reich. So begann er die Fortführung des Krieges auf eigene Faust. Von 1489 an erfocht er, obwohl sich alle Furien des Kampfes in den Niederlanden noch einmal erhoben, überlegene Erfolge. Daraufhin kam schon in diesem Jahre ein Friede zu Frankfurt zwischen Maximilian und Frankreich, durch das sich der Krieg entzündet hatte, zustande und bald auch zwischen Maximilian und Flandern, da für die Flamen die Besorgnis nicht fern lag, ihre Häfen könnten am Ende bei fortdauerndem Kriegszustand ein Spielball französischer und englischer Gelüste werden. Der römische König erhielt die Vormundschaft über Philipp zurück; Gent, Brügge, Ypern thaten durch ihre städtischen Obrigkeiten knieend im härenen Gewande Abbitte und zahlten 300 000 Liliengulden. Im übrigen ging der Kampf mit den Niederländern weiter und brachte im Verein mit deren Bürgerkriegen untereinander, mit Kaperei, Mißwachs und ungeschickten Finanzmaßnahmen ein entsetzliches Elend. Das Landvolk in Nordholland erhob sich als neue Partei, scharte sich um eine Fahne mit Käse und Brot, den Symbolen ihres Wünschens

ja im kleineren und größeren Maßstab damals vielfach geschah und im italienischen Condottierenwesen zu einer typischen Form gelangt war. Albrecht ist derjenige Wettiner, den einst als Knaben nebst seinem älteren Bruder Ernst Kunz von Kauffungen aus dem ragenden Schlosse zu Altenburg entführt hatte, und so auch derselbe, welcher der von ihm begründeten jüngeren sächsischen Linie

Abb. 61. Maximilian und Bianca Maria Sforza. Denkmünze auf ihre Vermählung

und Entbehrens, und griff nach eigener Politik in die bunten Kämpfe der Hoeks und Kabeljaus, des niederländischen Führers Philipp von Kleve und Albrechts von Sachsen ein.

1492 flatterten die Banner all dieser verschiedenen Truppen und Parteihaufen zum letztenmal im Felde. Albrecht hatte endgültig gesiegt und konnte Maximilian das Land bis auf die letzte Festung übergeben. Philipp von Kleve, einst ein wichtiger und tapferer Streiter für Maximilian, dann sein Bürge für die Urfehde, die er 1488 den Vlamen schwor, und, seit der König diese brach und ihn verriet, sein rechtschaffenster Feind, hatte bis zuletzt die Seefeste Sluis an der Scheldemündung gegen Albrecht und die diesen unterstützenden englischen Kriegsschiffe gehalten; er ging in französische Dienste. So ist denn 1492, das Jahr, da der Genuese Cristoforo Colombo einen

Abb. 62. Grabmal des Ludovico Sforza und der Beatrice von Este. Von Andrea Solari, in der Certosa bei Pavia. (Nach einer Photographie von Gebrüder Alinari in Florenz.)

neuen Erbteil für die Königin von Castilien und das Zukunftserbe Habsburgs ent-
deckte, zugleich dasjenige geworden, wo dieses
endlich in den sicheren Besitz der Niederlande trat. Albrecht erlangte erst nach
Jahren einen gewissen Kostenersatz und dann
1498 eine weitere Belohnung oder vielmehr
Aufgabe, durch seine Einsetzung zum kaiserlichen Statthalter von Friesland. Er hat
als solcher dem trotzigsten und unbekümmert-
sten Volke der deutschen Geschichte, welches
den alten Grafen von Holland wie den Her-
zogen von Burgund unbeugsam durch Jahrhunderte widerstanden hatte, den Fuß auf
den unbesiegten Nacken gesetzt und seine ger-
manisch-altertümliche Volksfreiheit gebrochen.
Der Friede mit Frankreich sollte nicht
lange währen. Im Jahre 1491 begann
der bisher unter Vormundschaft stehende
Karl VIII. (Abb. 50) sein eigener Herr zu sein

und begehrliche Blicke auf die Bretagne und
die Hand ihrer Herrin, der Herzogin Anna,
zu richten. Daß er selbst mit Maximilians
Tochter Margarete verlobt und daß Anna
sogar vermählt war und zwar mit Maximilian, beirrte ihn nicht. Zur Erklärung
dieser Verhältnisse greifen wir etwas
zurück.

So reich die vollen Ernten der habsburgischen Heiratspolitik erscheinen mögen, so
stellen sie trotzdem nur einen aufgegangenen
Bruchteil ausgestreuter Saat dar. Alles her-
zuzählen, würde zu weit führen. Im Jahre
1488 sandte der Witwer Marias von Burgund
zu den „katholischen Königen" von Spanien,
Isabella von Castilien und Ferdinand von
Aragonien, die seit 1469 vermählt waren
und dadurch ihre Reiche in eine engere Verbindung gebracht hatten. Er warb um zwei
ihrer Töchter, für sich um die 18jährige
Isabella, für seinen Sohn
Philipp, der also sein
Schwager werden sollte,
um die neunzehrige Juana
oder Johanna. Man wies
ihn ab. Danach stellte er
seine Hoffnung auf die
Bretagne, deren letzter
Herzog Franz II. sein Ver-
bündeter in seiner niederländischen und antifranzö-
sischen Politik gewesen war.
Das spätere XV. Jahr-
hundert bedeutet für Frankreich die Zeit des Aus-
sterbens der großen, der
Krone aufsässigen oder von
ihr fast unabhängigen Herzogtümer: Provence und
Anjou waren durch König
Renés Tod und Vermächt-
nis 1480 heimgefallen,
kurz vorher Burgund (im
engeren Sinne) durch Karls
des Kühnen Tod, jetzt war
auch in der Bretagne nur
noch eine Erbin übrig.
Ihr also trug Maximilian
(1490) seine Hand an,
und sie ward angenommen.
Dem Verspruch folgte als-
bald die Vermählung durch
Stellvertretung, Anna be-
trachtete sich als Maxi-

Abb. 64. Die Muttergottes inmitten von Heiligen mit der Familie Sforza.
(Gemälde von Bernardo Zenale in der Pinakothek zu Mailand.)

milians Frau und nannte sich Königin der Römer. (Abb. 46.)

Nun begann Karl sie zu bekriegen und zugleich warb er eifrig um sie. Die Franzosen hatten zahlreiche Parteigänger und erkaufte Helfer im Lande und waren bald überall die Herren; Anna blieb nur ihre Stadt Rennes. Sie war ein mutiges junges Weib, fast noch Kind, und Maximilian, der ihr so anziehend geschildert worden, war ihr von Herzen lieber, als der ungestalte und unliebenswürdige Karl von Frankreich. Sie wartete treu in ihrer Not und spähte unablässig, gerade wie einst die burgundische Maria, nach ihrem Ritter aus. Sie wollte, da gar nichts mehr übrigblieb, die Deiche durchstechen lassen und das Meer rufen, damit es ihr die Franzosen vertreibe. Aber da erlebte sie auch das Leid, daß ihr niemand mehr gehorchte. Ihre Räte, Feldhauptleute, Hofbeamten, alles war von Frankreich gewonnen. Und von Maximilian kam keinerlei Nachricht. Da gab sie unter dem Druck ihrer eigenen Stände endlich nach

Abb. 45. Tod Friedrichs III. Aus dem Weißkunig.

und schloß am 15. November 1491 einen Vertrag, der an Karl die Bretagne vorläufig überließ, bis über diese schiedsrichterlich gesprochen sein würde, und ihr selber freies Geleit durch Frankreich nach Deutschland gewährleistete. Sie konnte sich nichts anderes denken, als daß sie sich zu ihrem Gemahl zu flüchten habe. Dann aber — und wir atmen fast auf für sie — ließ sie sich ihr Vertrauen doch ausreden und sagte Karl zu, der die nötigen Dispense und Ungültigkeitserklärungen des gefälligen Papstes Innocenz VIII. längst bei sich führte. So konnte seine Vermählung mit der Angetrauten Maximilians am 5. Dezember 1491 auf Schloß Langeais in der Touraine erfolgen, die Bretagne ging ehekontraktlich an Annas Gemahl über, und sie ward in Saint Dénis als Königin von Frankreich gekrönt.

An jenem Hochzeitstage ging im entlaubten Schloßgarten von Amboise eine andere in trüben Gedanken und ratlos umher:

die Braut des Königs, Margarete von Österreich. Und nicht einmal frei wollte Karl sie geben: weil ja Artois und die Freigrafschaft ihr Heiratsgut waren, hielt er sie fest und erwog den ehrlosen Plan, sie an einen Strohmann zu verheiraten, der dann jene Mitgiftländer an die Krone von Frankreich übertragen sollte.

Für Maximilian in seiner doppelten Schmach erhoben sich wohl Stimme und zorniges Lied des Volkes, die oberen bestimmenden Kreise blieben kühl. So war er für den Krieg, den er schon um der Rettung jener Länder willen unumgänglich zu führen hatte, wesentlich auf die Bundesgenossenschaft der beiden natürlichsten Gegner Frankreichs, auf England und Spanien angewiesen. Aber Karl VIII. wußte sie von ihm zu trennen, gewann beide nach bestherkömmlicher Art, England durch Geld, Spanien durch Versprechungen, und schloß mit jedem einen Sonderfrieden. Maximilian, allein gelassen, konnte es noch als unverhofften Erfolg betrachten, wenn der Friede von Senlis vom 23. Mai 1493 ihm außer seiner Tochter die Freigrafschaft und Artois herausgab. Karl hatte seit Jahresfrist einen Plan gefaßt, der ihn mächtiger lockte und wegen dessen er frei sein wollte: als Erbe der Ansprüche des älteren René nach Neapel zu ziehen, wovon dieser König geheißen hatte, und die dortigen Aragonesen, die den Troubadourkönig um seine Herrschaft gebracht hatten, als Rächer zu vertreiben.

Die oft dargestellte Scene, wie Maximilian seiner aus Frankreich zurückkehrenden, zur Jungfrau erwachsenen Tochter begegnet, die er vor elf Jahren zuletzt gesehen hatte, beruht auf einer künstlerischen Freiheit, die er seinen Holzschneider-Biographen gab und die man auch bei späteren Darstellungen beibehalten hat (Abb. 51). In Wirklichkeit ging Maximilian nach Österreich, während Margarete unter anständigem Geleit in die Niederlande abgeholt wurde. Was Margarete aus diesen in der französischen Fremde verlebten Kinderjahren heimbrachte, ist die vortreffliche Erziehung und Bildung, die man dort der Königsbraut gab und die sich in ihr in jeder Weise tüchtig weiter entwickelte.

Sie ist später, nach zwei außerordentlich kurzen Ehen, beim Tode ihres Bruders Philipp des Schönen Statthalterin der Niederlande und überhaupt ihres Vaters und ihres Neffen Karls V. treue Helferin geworden.

Jede Kläglichkeit hat schließlich ihre Erklärung. So denn auch Maximilians schnöde und kaum ehrenvolle Unthätigkeit in der Bedrängnis Annas von Bretagne. Sie liegt in den Angelegenheiten des südöstlichen Deutschland.

Hier hatten der Kaiser und sein Sohn zunächst wieder Erfolge erzielt. Der Herzog Siegmund von Tirol und Vorderösterreich war, wie erwähnt, dem Schwäbischen Bunde beigetreten, aus eigenem Nutzen, aber es war doch eine Annäherung. Darauf hin besuchte im Winter 1489/90 Maximilian den Oheim, und trotz der immer noch sehr mächtigen bayerischen Einflüsse am Innsbrucker Hofe erwachte in dem gutherzigen alten Herrn die natürliche verwandtschaftliche Zuneigung zu dem blühenden und liebenswürdigen königlichen Verwandten; Maximilian vermochte ihn so weit zu bringen, daß der überhaupt regierungsmüde ihm am 16. März 1490 die Herrschaft

Abb. 66. Grab Friedrichs III. im Stephansdom zu Wien. (Verlag von L. T. Neumann in Wien.)

seiner Lande bei Lebzeiten abtrat. Da auch Friedrichs Eifersucht auf den Sohn diesmal keine Schwierigkeiten dazwischen warf, ward letzterer jetzt zum erstenmal ein wirklicher, eigenes Recht verwaltender Landesherr. Dieser Umstand, daß Tirol das erste war, was er frei für sich selbst und ohne Kränkungen zu regieren bekam, hat das Land seinem Herzen zeitlebens am nächsten gestellt, wenn auch außerdem die herrliche Natur, die kühnen Freuden der Gebirgsjagd und die treue, zugleich lernhafte und grundliebenswürdige Art seiner Bewohner nicht wenig dazu beigetragen haben mögen, daß sich zwischen Maximilian und seinem geliebten Tirol ein solches Verhältnis gebildet hat. (Abb. 55.) Nur einmal ist in dieses ein Schatten gefallen, leider gerade in den letzten Lebenstagen des Kaisers, im übrigen durch Umstände, die er sich selber zuschreiben mußte. — Das Jahr 1490 brachte noch einen Erwerb: der letzte der Grafen von Görz erkannte auf Grund älterer Erbverträge Maximilian als Nachfolger an. Damit wurde dieser der zukünftige Herr in den friaulischen Gegenden nach Triest zu, was nicht zum wenigsten seine auf venezianisches Landgebiet gerichteten späteren Pläne mitbestimmt hat.

Da starb am 6. April 1490 König Matthias Corvinus von Ungarn (Abb. 57) in dem von ihm eroberten Wien. Lange Zeit war darauf geharrt worden; jetzt, da Maximilian gerade seine Brautwerber an Anna von

Abb. 57. Rüstung Maximilians in der Erbach- und Wartenberg-Roth'schen Sammlung im Schloß zu Erbach. (Nach einer Photographie von A. C. Holzhäuser zu Michelstadt im Odenwald.)

Bretagne gesandt hatte und alle Kraft nötig gehabt hätte, um Frankreich zu beschäftigen, kam es so ungelegen wie denkbar. Ein Vertrag von 1463 sicherte Habsburg die ungarische Thronfolge zu, wenn Matthias ohne legitime männliche Nachkommen sterben sollte, und er hinterließ nur einen unehelichen Sohn Johann. Mehr als mit diesem, der aus dem Spiele blieb, schien der habsburgische Anspruch auf die Nachfolge eine Weile mit der Königswitwe Beatrix (Abb. 56) rechnen zu müssen. Sie war eine Tochter König Ferrantes von Neapel, eine Frau von raschem, aragonisch-italienischem Temperament, die erstlich nicht Witwe und außerdem um jeden Preis Königin bleiben wollte, und die den einfachsten Weg darin fand, wenn sie Maximilian ehelichte. Sie, die ihn noch vor kurzem mit ihrer Schwester hatte verheiraten wollen, war so erregt von ihrem Plan und der Aussicht, Kaiserin zu werden, daß sie wie ein eigensinniges Kind sich selbst zum Trotz erklärte, wenn es nichts damit würde, wollte sie ins Kloster gehen. Aber Maximilian gedachte König von Ungarn zu werden und die Bretagne durch Anna dazu zu gewinnen; er erwiderte die offenherzigen Briefe der Beatrix mit der wenig ermutigenden Anrede an seine „freundwillige Base und Schwester". Gleichzeitig aber trat nun ein Kronbewerber auf den Plan, der der ganzen Sachlage eine andere Wendung gab. Das war der polnische Jagellone Wladislaw, König von Böhmen, deſſen Mutter eine Tochter Kaiſer Albrechts II. geweſen war, welcher ja außer der deutſchen die Kronen von Böhmen und Ungarn getragen hatte. Er hatte viel Anhang in Ungarn, erhob Erbanſpruch und zog mit Heeresmacht heran. Alſo that raſches Handeln not. Hier bewährte der Schwäbiſche Bund jegliche Erwartung, er bewilligte tüchtige Hilfe und die Tiroler Stände ihrem neuen Landesherrn desgleichen. Nach raſcher Truppenwerbung drang Maximilian ſiegreich öſtlicher Richtung nach Ungarn hinein, mit lauter Erfolg, und ein König, vor dem ein ſolcher Ruf der Ritterlichkeit herging und der ſo tapfer kam, fand auch bei den lebhaften Magyaren die raſche Zuwendung vieler Herzen. Am 17. November war Stuhlweißenburg, die ungariſche Krönungsſtadt, erobert (Abb. 58). Aber dann kam der Feldzug ins Stocken, und der Sieg blieb unausgenutzt. Wie immer bei Maximilian, wenn er es in Glück oder Unglück am

Abb. 66. Aus den Reliefs am Innsbrucker Denkmal:
Übergabe Mailands durch die das Herzogtum als Reichsfahnenlehen verkörpernde Fahnenlanze an Ludovico Moro.
(Nach einer Photographie von Fritz Gratl in Innsbruck.)

vor und konnte am 19. Auguſt 1490 in Wien, der alten Habsburgerreſidenz, einziehen, die, von langer Fremdherrſchaft erlöſt, dem König jubelnd huldigte. Von ihrem eigentlichen Herrn, Kaiſer Friedrich, wollte ſie freilich nichts wiſſen, der gleichmütig geſagt hatte: man habe in Öſterreich die Mißhandlungen durch Matthias gar wohl verdient. Darum bezog ſich die Huldigung ausdrücklich auf Maximilian, und es hieß nur, Kaiſerliche Majeſtät ſei darinnen eingeſchloſſen. Von Wien aus ging es im Herbſt in ſüd-

meiſten gebraucht hätte, fehlte das Geld; die Landsknechte, um ihren Sold und Unterhalt benötet, meuterten immer häufiger, und überdies ſtand Wladislaw nicht weit von Wien. Dazu bedrohten Karls VIII. Pläne auf die Bretagne Maximilian, und der Kaiſer rührte für dieſen keine Hand. Er ſagte wieder einmal bloß: mit der Zeit lohne oder räche ſich alles. So mußte Maximilian Verhandlungen anknüpfen, die ſich ſehr lange hinzogen, während unterdeſſen die Verbindung zwiſchen dem böhmiſchen

Porro ducris in Italiam coptis/Mediolanum in po=
testatem reduxit.declaratoq3 illic Duce:perpetuo illum
deinceps in foudum Imperio conceffit Quod donec
factum est/hostes iusticiae varijs afflixit cladibus.

Abb 60. Aus Dürers Ehrenpforte: Die Belehnung Ludovico Moros mit Mailand.

Könige und dem ungarischen Adel immer enger wurde. Schließlich kam es zu Preßburg am 7. November 1491 zum endgültigen Frieden. Wladislaw, der anstatt Maximilians die Königswitwe Beatrix mit seiner Hand beglückte (aber bald verstieß), ward erblicher König von Ungarn, beim Aussterben seiner ehelichen Manneslinie sollten Maximilian und seine Nachkommen Erbanspruch haben. Die einzigen realen Entschädigungen für die Aufgabe der unzweifelhaften, durch den Vertrag von 1463 berechtigten Nachfolge Habsburgs in Ungarn waren die Rückgabe Österreichs an seinen rechtmäßigen Herrn und die Zahlung von 100000 ungarischen Goldgulden; dazu der Zukunftswechsel jener höchst unsicheren Erbaussicht.

Also nicht der Ungarnfeldzug selbst fällt mit der Krisis in der Bretagne zusammen, sondern die fast ein Jahr dauernde lahme Friedensverhandlung hinterher. Wegen der Bretagne und Frankreich verlor Maximilian die rechte Energie gegen den Usurpator Wladislaw, und über den unerfüllten ungarischen Hoffnungen verscherzte er Anna und ihr Erbe.

Abb. 70. Sofal Maximilians.
Original im f. und f. kunsthistorischen Hofmuseum zu Wien.

Die Gemahlin, die Maximilian danach wirklich heimgeführt hat, ist Bianca Maria Sforza, die Schwester des Herzogs Giangaleazzo und Nichte des Regenten Ludovico Sforza von Mailand, den man den Mohr nannte. (Abb. 59–64.) Dieser war der vierte Sohn Francesco Sforzas, welcher 1450 nach dem Aussterben der männlichen Visconti sich aus einem Condottieren zum Herrn und Herzog von Mailand emporgeschwungen hatte. Auch hier war für Maximilian eine, wenn auch sehr unbestimmte, politische Hoffnung leitend: möglicherweise selber einmal in dem blühenden lombardischen Herzogtum der Herr zu werden. Und dann erheiratete er, was für ihn sehr bringlich war, 400000 Dukaten bare Mitgift. Die Vermählung fand, wieder durch Stellvertretung, im November 1493 in Mailand statt. Bianca kam alsdann, von Markgraf Christoph von Baden und Graf Eitelfritz von Zollern geleitet, im Winter über die Alpen herüber, aber erst im März traf Maximilian, der bei all seiner Schwäche für die Frauen es immer am wenigsten eilig hatte, die ihm angetrauten Gemahlinnen persönlich kennen zu lernen, zu Hall mit ihr zusammen und hielt darauf in Innsbruck mit großer Herrlichkeit nochmalige Hochzeit. (Abb. 60 u. ff.) Inzwischen hatte am 19. August 1493 der Tod die müden Augen des 78jährigen Kaisers geschlossen (Abb. 65, 66) und das Reich in die Hände dessen gelegt, der darauf brannte, es zu beschlichen und zu allen Plänen seiner bisher auf Notbehelfe angewiesenen politischen Phantasie zu gebrauchen.

Indessen im Reiche war inzwischen allgemeine Abkühlung gegenüber der Person Maximilians eingetreten, und die Kreise, die die „Reichsreform" betrieben, gedachten sie nun sogar in viel weiterem Umfange durchzubringen, als zuvor.

Reichsreform war ein altes Schlagwort des XV. Jahrhunderts, welches überhaupt an Programmen und Reformbroschüren auf weltlichem und kirchlichem Gebiet, an erstrebten Umgestaltungen an Haupt und Gliedern und allen Ecken und Enden reicher als irgend eines ist und sich damit als eine jener bekannten Übergangszeiten ausweist, wo die Not und der Überdruß reif, aber der Mut und die Thatkraft zur Besserung noch immer nicht groß genug gewachsen sind. Zur „Reichsreform" gehörten von älteren Programmpunkten ein wirklicher Landfriede, eine allgemeine direkte Reichssteuer („gemeiner Pfennig") und eine Kreiseinteilung des Reiches. Letztere sollte dessen Zusammensetzung aus ganz ungleichen Territorien, von den großen Kurfürstenstaaten oder den habsburgisch-österreichischen Ländern bis herab zu den Molekulargebilden der Reichsunmittelbarkeit, zwar nicht aufheben, aber für gewisse Zwecke eine systematische Gruppierung darüberlegen. Manche Reichseifrige, wie Kurfürst Albrecht Achilles, forderten auch schon „rechtes Gericht und einmütige Münze". Es waren Pläne, die wieder Leben und strafes Wesen in den alten unlustigen Reichskörper hineinbringen und mit Hilfe

Abb. 71. Ludwig XII.
Denkmünze aus Lyon von 1499, Revers:
Anna von Bretagne, vergl. die Abb. auf S. 42.

Posteaquam vero et filiam liberasset, aduersus Franciaregem mature habito consilio, et acceptam ab illo iam olim iniuriam, quandoque vlsceretur, exercitum durit, ac in ea illi expeditione magnam partem regni bellica virtute, ademit.

Abb. 72. Aus Dürers Ehrenpforte: Maximilian nimmt die Übergabe eines belagerten französischen Platzes entgegen.

von geordneten Reichsfinanzen auch ein tüchtiges Reichsheerwesen schaffen konnten. So war es nicht unbillig, wenn man durch ein kollegiales „Reichsregiment" von seiten der Fürsten auch die Verwaltung der neuen Reichseinrichtungen zu überwachen und den Herren von Österreich, die die Krone trugen, eine eigennützige Verwendung abzuschneiden gedachte, wobei freilich einzelne Wünsche schon so weit griffen, daß sie endgültig die eigene Herrschaft bei dieser Gelegenheit an die Stelle derjenigen des Reichsoberhauptes zu setzen beabsichtigten und sich durch des Königs bisherige Leistungen dazu allerdings nicht wenig ermuntert erachteten.

Das Haupt der Reformpartei und der sie leitende Geist war der Erzbischof und Kurfürst Bertold von Mainz aus dem Geschlechte der thüringisch-fränkischen Grafen von Henneberg. Er war ein in seinem Kurfürstentume als vortrefflicher Regent bewährter Mann, der seine Pflicht nicht gering erachtete, zugleich des heiligen Römischen Reiches Erzkanzler in Germanien zu sein, und der nicht nur den Sinn, sondern auch das kluge Verständnis und die Schöpferkraft der Gedanken für das besaß, was dem Reiche not that. Wahrlich, dieser gebieterische Erzbischof von Mainz war ein anderer, als einst seine nicht minder mächtigen Vorgänger auf dem Mainzer Stuhle, die um des Reiches Schwäche willen die kleinen Könige gehandhabt und gegeneinander ausgespielt hatten. Wohl standen Bertolds Bestrebungen und Auffassungen einer straffen Einheitsgewalt, einer starken Monarchie an der Spitze des Reiches entgegen, aber wer könnte verkennen, daß mit einer solchen zu rechnen hoffnungslos gewesen wäre? Es soll nicht behauptet werden, Bertold würde zu einem machtvollen, nur des Reiches Ziele verfolgenden Kaiser ohne weiteres in gleicher Hingabe und Treue gestanden haben, wie einst die Christian von Mainz und Reinald (von Dassel) von Köln zu Kaiser Friedrich I. dem Staufer; das Wesentliche war, eine solche Zeit war unwiederbringlich verloren, die Reichskrone seit Jahrhunderten ein von

ihren Trägern mehr oder minder geschickt gehandhabtes Instrument zur Mehrung der eigenen Hausmacht geworden und das Reich mit seiner Verfassung in die Formen einer gefestigten Cligarchie der bedeutendsten Fürsten hinübergeführt. Diese, weil ihr die Zukunft gehörte, auf das Wohl und den Nutzen des Reiches zu verpflichten, war Bertolds Ziel, welchem Idealität und Größe nicht abzusprechen ist. Wenn er dadurch zugleich diese Cligarchie gegenüber der Krone neu verstärkte und sicherte, so liegt das eben schon in dem damaligen Wesen der letzteren begründet. Gerade diejenige historische und politische Auffassung, die ein starkes monarchisch-einheitliches Regiment stets vorziehen würde, muß sich bei damaliger Sachlage auf andere Entwickelungsgänge resignieren. Österreichs Streben war

Abb. 71. Zeit- und Kostümbild Meister der weiblichen Halbfiguren.
Gemälde in der Galerie Harrach zu Wien. (Nach einer Photographie von J. Löwy in Wien.

Herzog. Kaiser Maximilian I. 5

schon nicht mehr national, und nur noch aus der starken territorialen Stellung anderer Landesfürsten innerhalb Teutschlands konnte einst dessen neue nationale Führung hervorgehen.

Bedeuteten also die Gedanken und Pläne der Reichsreform in Bertolds Hand ein Halt! für den habsburgischen König, so war doch der mächtige Kurfürst nichts weniger als ein einseitiger Gegner, von dem nichts zu gewinnen und zu hoffen war. Bertold war, sein Ziel vor Augen, doch eben um dessen willen Politiker. Sie konnten beide miteinander leben, der reichsgekrönte Herr von Österreich und der Vertreter der Organisation des Reiches. Wir haben erzählt, wie Mainz dem Schwäbischen Bunde beitrat und wie Maximilian nicht zum wenigsten dadurch, daß er mit Bertold und dessen Anschauungen Fühlung hielt, daß er sich den beabsichtigten Unternehmungen für die Reform entgegenkommend erwies, seine Wahl zum Römischen König ermöglichte.

Kaiser Friedrich hatte mit seiner bewundernswerten Aufschiebekunst verstanden, auch um die Reichsreform, solange er lebte, herumzukommen; nun trafen im Jahre 1495 auf dem Reichstage zu Worms zum erstenmale jene Bestrebungen und Maximilians Herrscherauffassung aufeinander.

Von den geplanten organisatorischen Maßregeln im Reiche kam die Regelung des Reichsfinanzwesens grundsätzlich zustande. Der „gemeine Pfennig" wurde beschlossen, eine direkte Steuer. Je tausend Gulden Besitz — nicht Einkommen — sollten, bei den Ärmeren durch Zusammenschluß mehrerer, einen Gulden steuern, die Fürsten sollten, weil leistungsfähiger, nach einem erhöhten Prozentsatz herangezogen werden, die Juden so viel Gulden aufbringen, als Köpfe in ihren Gemeinden seien. Es war doch hochbedeutsam, daß inmitten dieser Zeit der einzelfürstlichen Landeshoheit und der territorialen Zersplitterung in Deutschland noch einmal wieder ein Werk unternommen ward, das allen verkündete, wie sie zugleich unmittelbare und ungetreute Unterthanen und Pflichtige des einen Reiches seien.

Dagegen mißlang die von vornherein als notwendig erachtete verfassungsmäßige Ergänzung der Reichsfinanzreform durch die bei dieser Gelegenheit herbeizuführende Errichtung eines Reichsregiments. Noch weigerte sich der von seiner Majestät hoch erfüllte König um jeden Preis und erteilte, wie gerade hier in der alten Burgunderstadt Worms die Erinnerungen ans der großen deutschen Sage vor seinen Gedanken besonders lebendig waren, die Antwort: er vermöge kein König zu sein, der sich an Händen und Füßen binden und an einen Nagel henken lasse.

Wohl lag es nicht hieran allein, aber doch mit, wenn der gemeine Pfennig — wir greifen voraus — in der Hauptsache ein Beschluß auf dem Papier des Reichstags-

Abb. 74. Kostümbild. Kupferstich von Albrecht Dürer.

abschiedes verblieb. Viel trug zu dem passiven Widerstande der Bevölkerungen im Reiche gegen diese Steuer die Hast bei, womit Maximilian sich über die für ihre Verwaltung getroffenen Maßregeln und Bestimmungen hinwegzusetzen und die Gelder persönlich in die Hand zu bekommen versuchte, ehe sie nur eingegangen waren. Ferner wurde alsbald durch Einzelbefreiungen und Sonderabkommen die Einheitlichkeit und Gleichmäßigkeit dieser Last durchlöchert, und damit schwanden aus der ganzen Sache die Gerechtigkeit und das Vertrauen. Niemand war sicher, ob auch der andere wirklich zahlen werde, und so unterblieb es fast allerorten.

In fast demselben logischen Verhältnis, wie der gemeine Pfennig zum Reichsregiment, steht der Landfriede zu dem neuen Reichsgericht. Der 1486 auf zehn Jahre verkündete Landfrieden wurde auf dem Wormser Tage leicht und zwar für „ewig" erneuert und damit in der That die endgültige Aufhebung des altgermanischen Fehdrechts zu Gunsten der höheren Friedenszwecke des Staates durchgeführt. Als Institut zur Überwachung des Landfriedens, sowie als oberstes Gericht im Reiche überhaupt und als gerichtliche Instanz der Reichsunmittelbaren wurde das Reichskammergericht eingesetzt, das sich in Frankfurt a. M. befinden sollte und welches nach allerhand Stillstand und Neueinrichtung 1527 nach Speier, 1693 nach Wetzlar verlegt worden ist. Die sechzehn Beisitzer des höchsten Gerichts, durch die Stände ernannt — der Vorsitzende durch den König —, sollten zur Hälfte ritterbürtige Leute, zur Hälfte Doctores, d. h. studierte Juristen sein. Das gelehrte römische Recht hatte eine neue überaus wichtige Position auf seinem Siegeseinzuge in Deutschland errungen.

Also nicht am Hofe, mit dem zusammen das Hofgericht seit den alten Zeiten und bisher umhergezogen war oder seine Residenz gehabt hatte, sondern in der Reichsstadt am Main, die immer mehr den Charakter einer Art Reichshauptstadt neben der habsburgischen Hauptstadt Wien bekam, sollte das oberste Gericht sich befinden und der Rekurs von ihm an den Reichstag gehen. So ist es wohl begreiflich,

Abb. 75. Deutsches Stechzeug, dem Kaiser Maximilian zugeschrieben; um 1500. Nach einer Photographie von J. Löwy in Wien.)

wenn die Krone diesem,· ihrem eigenen Amte gänzlich entrückten obersten Reichsgericht weiterhin ein eigenes Institut entgegengestellt hat. Das geschah in Gestalt des kaiserlichen Hofrats zu Wien. Maximilian setzte diesen 1511 zunächst als ständige Behörde für Angelegenheiten seiner Erblande (neben dem Geheimen Rat) ein; danach wurde er zum Reichshofrat ausgestaltet, welcher das oberste Regierungskollegium des Kaisers war und als Gerichtshof diesen unmittelbar vertrat; als solcher besaß er, im übrigen mit dem Reichskammergericht konkurrierend, die Kriminalgerichtsbarkeit über die Reichsunmittelbaren, die ihm ausschließlich vorbehalten war.

Das sind die Hauptergebnisse dieses berühmten Reichstags von 1495, wo im übrigen noch Württemberg aus Grafschaft zum Herzogtum erhoben wurde. Dadurch ging nämlich das Erbrecht der weiblichen Linie verloren; beim Aussterben des herzoglichen Mannesstammes sollte das Land als Wittum

5*

des Reiches an die kaiserliche Kammer fallen, der Kaiser das Land verwalten
lassen und bei Anwesenheit
im Lande persönlich re-
gieren. Diese Bestimmungen
haben ja keine praktische
Erfüllung gefunden, aber
sie sind der Erwähnung wert,
um die seit Jahrhunderten
auf Schwaben in beson-
berer Weise gerichtete Politik des habsburgischen Hauses
zu kennzeichnen, das unablässig im Südwesten wie im
Südosten des Reiches seine
Stellungen zu erweitern und
auszurunden, sich in ganz
Süddeutschland zur ge-
schlossenen und gewaltigen,
das wittelsbachische Bayern

Abb. 76. Geschlossener Helm,
um 1500. Versuch Kaiser Maximilians
zur Verbesserung der Harnischtracht.
Nach einer Photographie von J. Löwy
in Wien.)

machtvoll umschließenden und erstickenden
Territorialmacht umzugestalten strebte.

Wollen wir Maximilians Gesamtver-
halten auf dem Wormser Tage genauer
charakterisieren: In denjenigen Verhandlungen und Beschlüssen, die gegen ihn gerichtet waren, finden wir ihn trotz der einen
energischen Ablehnung des Regiments sonst
im einzelnen bei weitem nicht so systematisch im Widerstande, wie sein Interesse schon
erfordert hätte. Es tritt kein bewußter und
in politischen Schachzügen geltend gemachter
Standpunkt hervor, keine durchdachte Energie
in Ausnützung der doch immerhin noch be-
deutenden Autorität des königlichen Namens
und der vielen Hilfskräfte, die er aus dem
wirren bunten Interessengetriebe im Reiche
hätte auf seine Seite hinüberleiten können.
Sein Verhalten zeigt vielmehr jene Ver-
stimmtheit und Gleichgültigkeit, welcher allzu
rasche und hastige Naturen sich so leicht
und frühzeitig, sobald der Erfolg versagen
will, überlassen. Mehr unter dem Schilde
der Unlust als mit der blanken Waffe des
Widerstandes hat er diesen Kampf von 1495
geführt und immerhin den Erfolg der Abwehr gehabt: das Reichsregiment noch
hinauszuschieben. Dafür gab er freilich, wie
sich bald zeigen sollte, wiederum die Möglichkeit dahin, über gefüllte Reichskassen dann
zu verfügen, wenn es wirklich einmal eine
kaiserliche Führung des Reiches in dessen
äußeren und inneren Angelegenheiten galt.

Was bei dieser Unlust
und Ungeduld aber sonst
noch und nicht als Gering-
stes im Hintergrunde stand:
der viel planende König war
mit seinen Gedanken und
Wünschen längst wieder wo
anders. Schon als er auf
dem Reichstage eintraf, den
er nach Worms ausgeschrie-
ben hatte, brannte er vor
Verlangen, nach Italien zu
kommen.

Augenblicklich war die
sprunghafte Politik Maxi-
milians im schönsten Ein-
vernehmen mit Frankreich.
Er ließ Karl VIII. gegen
die Aragonesen freie Hand
und erhielt sie von ihm
gegen Venedig und in seinen
Beziehungen zu Mailand. Der von beiden
Königen laut verkündete Plan einer gewaltigen Zusammenfassung und Führung der
Christenheit wider die vordrängende Türken-
macht sollte die wirkliche Absicht der vor-
bereitenden politischen Maßregeln wohlthätig
verhüllen. Sie wollten nur, oder jedenfalls
zunächst, aus eigener Politik an der West-
flanke der Osmanen sich festsetzen, der Fran-
zose im Neapolitanischen, der Habsburger
am nördlichen Adriatischen Meer.

Nicht daß es Maximilian mit dem
Türkenkriege nicht ernst gewesen wäre. Dieser
war und blieb das Ziel all seines Denkens.
Mit seiner eigenen Stellung in Österreich,
seinen Hoffnungen in Ungarn und am
Adriatischen Meer war er der Nächste daran
und hatte dringend genug Veranlassung,
dem Türkenschrecken und schweren Ungemach
vorzubeugen, unter dessen Zeichen Habsburg
noch zwei Jahrhunderte hindurch stehen sollte.
Aber darüber hinaus wies ihn auf die Tür-
kenkreuzfahrt auch alles, was von idealem
und höherem Pflichtgefühl in ihm als dem
höchst gekrönten Herrn und ersten Ritter der
Christenheit lebendig war. Allerdings —
dazu gekommen ist er nie, obwohl er es
zeitlebens vorhatte und wohl imstande gewesen wäre, die Kräfte des Reiches und
mächtiger Bundesgenossen für eine reine und
unverquickte Ausführung dieses Gedankens
stattlich zu sammeln. Er blieb auch hier
immer im Engen, im partikularen Wollen,

im kleinen Mißlingen ſtecken. Zunächſt in Italien.

Die Verhältniſſe Italiens zu dieſer Zeit der Renaiſſance ſind ſo äußerſt verwickelt, dabei ſo reizvoll mannigfaltig und an vielen einzelnen Stellen wichtig und anziehend, daß es nicht angeht, ſie nur nebenbei mit einiger Vollſtändigkeit zur Überſicht zu bringen. Es kann ſich daher in dieſem Buche, das einem Abſchnitt der deutſchen und niederländiſchen Geſchichte gewidmet iſt, nur um eine flüchtigere Orientierung über die jenſeits der Alpen eingetretene Lage handeln. Da iſt zunächſt die mächtigſte in dem Nebeneinander der italieniſchen Re- publiken und Halbmonarchien: Venedig, reich und blühend durch ſeinen Handel, Herrin von mancherlei Provinzen und In- ſeln am und im Adriatiſchen, Ägeiſchen, le- vantiniſchen Meer, dazu eines oberitaliſchen Hinterlandes, welches anſehnlich und breit an Mailand und die deutſchen Reichslande grenzte; die Stadt einer ſcharf und hart regierenden, aber erfolgreichen Geſchlechter- ariſtokratie, der feinſten und weit ausſpähend- ſten politiſchen Köpfe, überhaupt nach Form und Weſen die Heimat der geſamten neueren diplomatiſchen Kunſt. So ſteht Venedig da mit gefürchteter und beneideter Macht, mit bewunderter Staatskunſt, mit einer Politik, welche, gleich der wundervollen Kunſt Vene- digs, die zugleich ſeinen und leuchtenden Farbenwirkungen benutzt und noch gleich ihr auf — goldenen Grund geſtellt iſt. Zu Mailand war im Oktober 1494 Giangaleazzo Sforza, der rechtmäßige Her- zog, für den Ludovico nur weiterzuregieren fortfuhr, mit 25 Jahren geſtorben. Der Arzt ſagte: an Gift; auch des Jünglings Schweſter, Bianca Ma- ria, die Ge- mahlin Maxi- milians, und alle Welt nah- men an, daß der Oheim der Mörder ſei. Eine nähere Ausführung über die Mo- ralbegriffe der italieniſchen Renaiſſance

Abb. 77. Maximilian I. (Spätere Denkmünze, auf 1502 datiert.)

kann wohl in einer weiter ausholenden, die Fäden einzeln und ſeiner faſſenden kultur- geſchichtlichen Schilderung des Quattrocento und Cinquecento geſchehen, nicht hier, und auch mit einigen Wendungen aus Nietzſche wäre es nicht abgethan; genug, daß der Mord, der Verrat, die zweckmäßige Frevelthat, die rück- ſichtsloſe, jegliches Mittel wählende Energie damals in Italien weniger verurteilt wur- den, als vielmehr Zuſtimmung und Be- wunderung zu erwecken vermochten. Auch ſie wurden betrachtet als Erſcheinungsformen und Äußerungen der genial-vorurteilsloſen, kraftvoll geſteigerten, ſich nur auf ſich ver- laſſenden, nur um ſich ſelbſt bekümmerten Perſönlichkeit, der ſtarken Individualität, die die Zeit über alles ſchätzte und zu ent- wickeln ſtrebte. Ludovico Sforza der Mohr, der unter den vielen großen und kleinen Frevelgeſtalten neben den Borgia der inter- eſſanteſte, der geiſtvollſte und der ſchuld- belabenſte iſt und von dem der Principe Machiavellis ſo manchen Zug verwertet hat, iſt durch ſeine Verbrechen nicht gefallen, ſon- dern eher durch ſie populär geweſen. Wich- tigen Anteil hat Ludovico an der Verwirk- lichung von Karls VIII. Einmarſch in Italien und deſſen Ereigniſſen. Mit Neapel und mit den Medici, ſeinen Nachbarn verfeindet, hat der Sforza hauptſächlich geſorgt, das Franzoſenheer gegen Florenz zu lenken, und die jammervolle Politik Pieros bei Medici, des ſo völlig ungleichen Sohnes des Lorenzo Magnifico, hat ihm noch in die Hände ge- arbeitet. So iſt es geſchehen, daß in einem einzigen Tage die Verhältniſſe von Florenz von Grund aus umgeſtürzt werden konnten und auf Jahre hinaus aus den Geſchicken von Florenz der Name Medici verſchwand, an dem die glänzende Ge- ſchichte dieſer Stadt und der Renaiſſance ganz Italiens hängt. Herr des Kirchen- ſtaates war ſeit 1492 Papſt Alexan- der VI. aus dem ſpani- ſchen Hauſe der Borja oder, wie die Italiener es sich zurecht machten, der Borgia. Seine Erwählung, sagt Heinrich Leo, war ein Schrecken für alle Wohlgesinnten in Italien. Zwar das nicht, was von Männern nordischer Völker in der Regel als das Empörende in seinem Leben, ehe er Papst wurde, angeführt wird, seine sinnliche Ausgelassenheit, sein Verhältnis zu der schönen Giovanna (gewöhnlich Vannozza genannt), mit der er lebte und die ihm Kinder geboren hatte, war es, was in Italien Ärgernis erregte, denn an dergleichen war man zu sehr gewöhnt; aber sein ganzer Charakter voll Habsucht und Grausamkeit, voll Lüge und Treubruch, die Frechheit, mit welcher er aller geistlichen Haltung Hohn sprach, kündigte einen Papst an, dem nichts heilig sein würde; und so war es.

Lucrezia Borgia ist seine Tochter; sein Sohn jener Cesare, der bald Erzbischof und Kardinal, bald Herzog und Krieger war. Durch unerhörte Frevelthaten und die Vernichtung zahlreicher kleiner Herrschaften machte er sich zum Landesherrn weiter romagnolischen Gebiete und behauptete diese, bis das Glück der Borgia 1503 mit dem Tode Alexanders zusammenbrach, weil ihm das Gift vorgesetzt wurde, das er einem Kardinal bestimmt hatte. Der ruchloseste seines Hauses, überragt Cesare Borgia auch Ludovico den Mohr als Typus der großen Frevler dieser Zeit: ein auserlesen schöner, bewundernswert kühner, kluger und thatkräftiger, und unerschöpflich lasterhafter Mann.

Neapel, das Maximilians Politik am fernsten gelegen ist, war trotz seiner Ausdehnung der schwächste der größeren italischen Staaten, weil die hier regierende aragonesische Bastardlinie mit allzu vielen inneren Schwierigkeiten kämpfte. Die Insel Sicilien war mit dem Königreich der älteren Aragonesen in Spanien unmittelbar verbunden, sie vermochte im allgemeinen außerhalb der Wirkung der italienischen Stürme zu verbleiben.

Unbeständigkeit und steter Wechsel ist der Charakter aller italienischen Kriegsereignisse

Abb. 78.
Der sogenannte Degenknopf Maximilians. (Vielleicht auch Hutschmuck.) Gravierung in Gold von Albrecht Dürer. Nach einem der seltenen Abdrücke.

und Bündnisbildungen dieser Zeit; und daher war auch Ludovico von Mailand mit Karl VIII. bald wieder völlig zerfallen. Der französische König hatte den mailändischen Rebellen Trivulzio in seinen Dienst genommen und schätzte den tapferen Feldhauptmann hoch; das war ein Anlaß zur Verstimmung, ein anderer aber war viel bedrohlicher. Der Herzog Ludwig von Orleans war nach langer Feindschaft zum treuesten Helfer seines Königs geworden, der ihn durch klugen Edelmut gewonnen hatte. Ludwig aber war ein Enkel der Valentina Visconti, deren Familie einst Mailand regiert hatte, worauf nach dem Aussterben der Visconti im Mannesstamme 1447 die Dynastie der Sforza sich emporgeschwungen hatte. Jetzt, da Karl siegreich in Italien stand, besann sich sein neugewonnener Freund Ludwig jener seiner Abkunft in weiblicher Linie von den Visconti und erhob einen eigenen Anspruch auf Mailand. Unter diesen Umständen näherte sich Ludovico den bedrängten Aragonesen in Neapel und knüpfte zugleich seine Verbindung mit Maximilian enger, dessen Einvernehmen mit Karl längst wieder Besorgnissen vor seiner Politik Platz gemacht hatte. Die gleiche Besorgnis wurde von Venedig über andere gesetzt, und auch den Papst trieb das Verweilen und immer bedenklichere Schatten Karls in allen italienischen Angelegenheiten von ihm hinweg und zu jenen hinüber. So schloß sich aus diesen und sonstigen Feinden Frankreichs am 12. April 1495 die berühmte heilige Liga zusammen, die den römischen König, den Papst, Isabella von Castilien, Ferdinand von Aragonien und Sicilien, Venedig, Neapel und Mailand umfaßte. Nur Florenz, wo auf den Trümmern des schönheitsherrlichen Mediceerregiments der Dominikaner Savonarola ein seltsames Gottesreich der Askese errichtet hatte und als selbsternannter Stellvertreter Jesu Christi regierte, blieb, von dem legitimen Stellvertreter Gottes zu Rom gebannt, der Liga fern und Frankreich treu. Gleichzeitig betrieb Ludovico bei Maximilian seine Belehnung mit Mailand durch das Reich.

Abb. 79. Maximilian als König.
Gemälde von A. de Brebis vom Jahre 1509 im k. und k. kunsthistorischen Hofmuseum zu Wien.
Nach einer Photographie von J. Löwy in Wien.

Abb. 60. Philipp der Schöne.
Gemälde eines zeitgenössischen vlämischen
Meisters.

Abb. 61. Johanna von Spanien.
Gemälde eines zeitgenössischen vlämischen
Meisters.

Diese Lehenseigenschaft hatte einst den Visconti den Herzogstitel gegeben, war aber von den Sforza nie mehr nachgesucht worden. Sie konnte jedoch einen unanfechtbaren Rechtstitel und vielleicht den Schutz der Reichsmacht verbürgen. In der That, im Mai 1495 übertrug Maximilian Mailand an Ludovico als erbliches Reichsfahnenlehen (Abb. 68, 69), jedoch, was auch wieder nur ein Politiker wie er fertig brachte, heimlich, wider Wissen und Willen des Reiches, dessen Zustimmung durch die Kurfürsten von Rechts wegen erforderlich war.

So weit spielten sich die Ereignisse vor und während der Wormser Tagung ab. Als indessen Maximilian nach verabschiedetem Reichstage aus den Thoren der rheinischen Reichsstadt ritt und nunmehr, wie er ersehnt

hatte, frei geworden war für das persönliche Eingreifen in Italien, fand er schon wieder eine veränderte Lage der Dinge. Der Herzog von Orleans war mit 20 000 Schweizer Soldaten, die er gegen Mailand führte, diesem so bedrohlich geworden, daß Ludovico froh war, mit Frankreich, dessen augenblickliche Isolierung Karl dazu geneigt machte, einen Sonderfrieden zu schließen. Dafür vergrößerte sich die heilige Liga wiederum durch den Beitritt König Heinrichs VII. Trotz Englands natürlicher Gegnerschaft gegen Frankreich hatte der Tudor bisher in der Person des Römischen Königs ein Hindernis für seinen Anschluß an das große Bündnis gesehen, weil Maximilian aus burgundischniederländischen Handelsinteressen die Hoffmungen des englischen Kronprätenbenten und angeblichen York, Perkins Warbeck, unterstützt hatte.

Abermals eine andere Wendung brachten die Schweizer hervor. Bisher hatten sie nur als kriegs- und solblustige Reisläufer mitgemacht, die im übrigen lieber zu Karl von Frankreich als zu Maximilian gingen, aber weniger aus der Habsburgerfeindschaft, als weil sie wußten und sagten, daß dieser ein magerer Römischer König und jener ein reicher Atti sei. Nun kommt mit diesen letzten Jahren des XV. Jahrhunderts ein größerer Zug in das Verhalten der Eidgenossenschaft. Schon hatten sie die Beschlüsse des Wormser Reichstages über den gemeinen Pfennig und das Reichskammergericht einfach in den Wind geschlagen und sich damit thatsächlich vom Reiche losgesagt, wozu ihnen die Gründung des Schwäbischen Bundes ein neuer Anstoß geworden war. Weiter bekundeten sie diese Losmachung vom Reiche jetzt dadurch, daß sie als selbständig kriegführende öffentliche Macht auftstanden.

Acht ihrer Orte traten frei zu Frankreich ins Bündnis, dem erklärten Feinde des Reichsoberhauptes. Für niemanden aber mußten diese neuen Verbündeten Frankreichs so bedrohlich sein, als für ihren südlichen Nachbar Ludovico, welcher die Absichten des Orleans nicht aufgegeben, sondern nur verschoben wußte.

So dachte der Mohr wieder an Maximilian, dessen Kassen er nach ihrer chronischen Eigenschaft leer vermutete, weil ihm der gemeine Pfennig entgangen war. Ludovico wandte sich an die Signorie von Venedig, und da diese geneigt war und ebenso mit Freuden und voller eifriger Feldherrnpläne Maximilian selbst, so kam am 17. Mai 1496 die Abmachung zustande, daß der römische König als ein Feldhauptmann der Liga in die Dienste jener beiden italienischen Herrschaften trat. Er bekam von Venedig und Mailand zusammen 60000 Dukaten und hatte dafür drei Monate lang 2000 Reisige und 4000 Fußtruppen zu halten und persönlich zu führen. Wenn er sich auch gegen

Abb. 81. Aus den Reliefs am Innsbrucker Denkmal: Vermählung Philipps mit Johanna von Spanien. Nach einer Photographie von Friß Gratl in Innsbruck.

die Vorwürfe, die er zu hören bekam, herausredete, er habe nur als Erzherzog von Österreich unterschrieben, so hat er diesen reinen Condottierenkontrakt doch thatsächlich als Römischer König, also als Oberhaupt des Reiches unterzeichnet. Des Königs treueste Räte sprachen aus, derlei schade der Krone mehr, als nur zu sagen sei. Ihnen und den deutschen Fürsten, die Maximilian von seinem Vorhaben abhalten wollten, kniff

so zum erstenmale betrat. Dort auf den alten Wegen der Romfahrt die Kaiserkrone zu holen, war seit Jahren sein Ehrgeiz gewesen, jetzt kam er wenig königlich als einer, der von Lehnsmannen seines Reiches und städtischen Ratsherren Befehle empfing, was er auszurichten habe, und der dazu bei weitem nicht einmal seine Verpflichtung gehalten hatte, denn er führte wenige hundert Reiter und höchstens 2000 Mann zu Fuß. Das ganze

Abb. 43. Aus den Reliefs am Innsbrucker Denkmal: Die Belagerung von Kufstein.
(Nach einer Photographie von Fritz Gratl in Innsbruck.)

er zu Ulm gradezu aus, um nichts hören zu müssen, und verbarg sich auf Jagden in Tirol. Aus Venedig aber wird erzählt, am Morgen des Himmelfahrtstages habe man dort das Wappen des Römischen Königs spöttisch aufgerichtet gefunden und der Adler habe zum Hohn die durch Maximilian zu Schanden gemachte Inschrift getragen: Alta peto, nunquam muscam capio: Zu den Höhen streb' ich empor und hasche nicht nach der Fliege.

Im August 1496 kam Maximilian nun durchs Veltlin nach Italien hinab, das er

Geschehnis des Feldzuges war die Belagerung von Livorno, welches als florentinischer Hafen der wichtige Stützpunkt für die Flotte Karls VIII. war. Aber die Monate, für die Maximilian Bezahlung empfing, gingen zu Ende, ohne daß in seiner schwierigen und unbankbaren Aufgabe, eine unmittelbar ans offene Meer gebaute Hafenstadt mit einem Feldheer — unter unzulänglicher und eifersüchtiger Mitwirkung venezianischer Galeeren — zu belagern, irgend etwas ausgerichtet war. Der Winter kam, und er eilte so schnell wie möglich nach Tirol zurück; nicht ein-

Magimilian und feine Familie. Ölgemälde von Bernh. Strigel in der k. u. k. Gemäldegalerie in Wien
Nach einer Originalphotographie von J. Löwy in Wien

mal durch Jagdeinladungen, wie witzige italienische Chronisten dazu bemerken, konnte man ihn aufhalten.

Dann wurde, nachdem im Sommer 1497 das Schicksal Italiens den dortigen Staaten und Frankreich allein überlassen geblieben und ein weiterer Winter vergangen war, die ganze Lage Europas in eine neue große Veränderung versetzt durch den plötzlichen Tod des jungen Königs Karl VIII. in der Nacht vom 7. zum 8. April 1498. Ihm folgte bei dem Mangel eines direkten Erben als nächster Agnat der Herzog Ludwig von Orleans. Er erfuhr das völlig Unerwartete dadurch, daß man ihn als König anrief, und augenblicklich gefaßt nahm er als Ludwig XII. die Huldigung entgegen (Abb. 71). Anna aber blieb Königin, denn Ludwig ließ sich von seiner eigenen Gemahlin, der Schwester Karls VIII., scheiden, wofür die päpstlichen Dispense bei politischem Einvernehmen ja immer zu haben waren, führte die längst Geliebte als Gemahlin heim und sicherte der Krone dadurch zugleich auch weiterhin die Bretagne. Welche Absichten der neue König weiter zu verfolgen gedachte, brachte er dadurch zum offensten Ausdruck, daß er sich in der Mitteilung über seine Thronbesteigung an die europäischen Höfe außer König von Frankreich sogleich auch König beider Sicilien und Herzog von Mailand titulierte. Dabei war er kein Heißsporn, wie Karl VIII. gewesen war, und auch kein Länderjäger wie Maximilian. Er wollte nur verfechten, was er für sein Recht hielt, dies aber durchaus, und sich nichts abzwingen lassen. In dieser Zeit waren die „Symbole" Mode geworden, persönliche Sinnbilder neben dem Familienwappen; Maximilians Symbol war ein schöner Granatapfel, Ludwig XII. aber wählte sich den Igel.

Inzwischen war Maximilian auf den Einfall geraten, dieser so plötzlich zum König gewordene Orleans werde sich etwa ein Vergnügen daraus machen, ihm das Herzogtum Burgund, die Bourgogne, herauszugeben, und forderte ihn treuherzig dazu auf. Auf die Absage hin, die nichts zu wünschen übrigließ, wollte er dann Krieg führen und verlangte Reichshilfe gegen Frankreich, die ihm aber der Reichstag von 1498 verweigerte. So schlug er denn mit den eigenen unzulänglichen Mitteln los, hierbei wieder naiv auf die Liga vertrauend. Dieser aber lag nichts ferner, als burgundische Kastanien aus dem Feuer zu holen, und Maximilians eigener Sohn Philipp, der Herzog, schloß mit Frankreich einen Sonderfrieden und

Abb. 84. Aus dem Zeugbuch Maximilians.
(Aufbewahrt im k. und k. kunsthistorischen Hofmuseum zu Wien.)

Abb. 85. Papst Julius II. Gemälde von Raffael im Pittipalast zu Florenz.
(Nach einer Originalphotographie von Braun, Clément & Cie. in Dornach i. E. und Paris.)

verzichtete auf den Anspruch, den sein Vater
für ihn erhob. Zwar hatte dieser die Genug-
thuung, mit seinen kleinen Streitkräften durch
die Bourgogne und Champagne zu ziehen
(Abb. 72), aber auch keinen Nutzen davon.

Ludwig XII. hatte als scharfer Beobachter
der verborgenen Situation richtig erkannt,
wie lahm die Aktionslust der Liga be-
reits wieder geworden war, und hütete sich
wohl, sie wiederbeleben zu helfen. Vielmehr behandelte er ihre Mitglieder von

Anfang alle so, als ob es keine Liga gegen
Frankreich gäbe oder je gegeben habe, und
stellte sich einzeln mit ihnen gut, ja schloß
Bündnisse. So sah der bedrohte Mai-
länder bald nur noch Maximilian an seiner
Seite. Auch diesen unschädlich zu machen,
hatte der Orleans ein wirksames Mittel
bereit; er kannte den Zündstoff, der bei
den Eidgenossen aufgehäuft lag, und wußte,
daß nur wenig Minenarbeit nötig sei, um
für das übrige die Schweizer selber sorgen

und sie den ganzen Stoff zur Explosion bringen zu lassen. Ja selbst seines heimlichen Dazuthuns bedurfte es kaum; Anlässe, die den entzündenden Funken bargen und wie sie ihm nicht gelegener und erwünschter kommen konnten, fanden sich einer nach dem anderen. Und so trieben denn jetzt die Dinge rasch dem Schweizerkriege von 1499 entgegen, oder wie die Schweizer selber ihn nennen, dem Schwabenkrieg. Denn nunmehr hatten sie endgültig aufgehört, selber Schwaben zu sein. Alamannen waren und blieben sie ja von deutscher Volksabstammung, aber Alamanne ist, worüber bei Gelegenheit einer Geschichte der alten Germanen das Nötige zu sagen wäre, nie eine volkstümliche Bezeichnung und zu alten und neuen Zeiten stets nur ein von Nichtschwaben, Fremden benutztes Wort, ein erdachtes und künstliches Synonym für die Schwaben gewesen. Jetzt also hatten sich Schwaben und Eidgenossen endgültig geschieden. Nur daß man auch die Bezeichnung Eidgenosse als mangelhaft geeignet zur volkstümlichen Einbürgerung empfand, und daher das ursprünglich ganz lokale Schwyzer oder Schweizer die geläufigere und auf alle ausgedehnte Benennung wurde.

Auf die wahren Ursachen des Schweizerkrieges brauchen wir nur zurückzuweisen. Die letzten Anlässe waren kleine Häseleien und Hänseleien. Deutsche Landsknechte in den thurgauischen und Rheingegenden abwärts vom Bodensee pflegten die rinderweidenden Nachbarn mit wenig Witz und viel Behagen als „Kuhmäuler" aufzuziehen, blökten wie Kälber, wenn sie Zugewandte der Eidgenossenschaft in der Nähe wußten, und kamen darüber zu Raufereien; ein tirolischer Rat des Königs ward im Bade Pfäffers beleidigt, und die Graubündner wollten einen deswegen schließlich Geächteten nicht hergeben. So kamen der Vollständigkeit wegen auch diese Parteien hinein, und als des Frühlings Pracht über den wunderbaren Landen am Bodensee lag, zogen die Schweizer mit Plündern durchs Hegau und standen sich auf der langen Linie des Rheins von Chur bis nach Basel die Streitenden in feindlicher Aufstellung gegenüber, dort Graubündner und Tiroler, hier Eidgenossen und Schwäbischer Bund.

Dieser letztere war hierauf längst, während sich der Friede noch hinschleppte, gefaßt gewesen und hatte schon 1497 und 1498

Abb. 46. Helmentwürfe mit dem Bildnis Maximilians.
Nach einer Federzeichnung von Albrecht Dürer im königl. Kupferstich-Kabinett zu Berlin.

auf seinen Bundestagen über die baldige Notwendigkeit der Abwehr verhandelt.

Mehr Zuversicht und Tapferkeit waren bei den Schweizern, als bei dem Schwäbischen Bunde, dessen geworbene Knechte der Feldhauptmann des Bundes, Graf Wolf von Fürstenberg, als ein „flüchtig, schnöd, ehrlos Volk" bezeichnet, während die tadellose Tapferkeit der aber sehr einseitig geschulten Ritterschaft nur zu oft schon an diesen harten Bauern nutzlos zu Schanden geworden war. Die Schweizer blieben überall im Vorteil, und es ward auch nicht besser, als Maximilian selbst und vereinzelter deutscher Zuzug am Rheine erschienen, darunter ein Fähnlein Nürnbergs, dessen Führer der bekannte Ratsherr und Freund Dürers, Wilibald Pirkheimer war. Am Schwaderloch bei Konstanz, wo die Eidgenossen schon im Frühling siegreich gekämpft hatten,

Abb. 87.
Geweihtes Schwert mit den Insignien des Papstes Julius II., welches Kaiser Maximilian verehrt wurde. Um 1510.
(Nach einer Photographie von J. Löwy in Wien.)

wollte Maximilian am 18. Juli einen Hauptschlag thun, aber es kam nicht einmal ein ordentliches Gefecht zustande. Wohl war Maximilian überall voran und trieb geschäftig zum Kampfe; in seinem gewohnten verschossenen Jägerwams, mit der grünen Stutzkappe auf dem Kopfe, ritt er unbekümmert beim Feind; den jungen Götz von Berlichingen, der als Fähnrich das schwarzweiße Banner von Brandenburg-Ansbach trug, redete er an, und dieser erzählt uns noch in seinen alten Tagen hiervon und wie er Königliche Majestät an der großen Nase erkannt habe.

Auf dem westlichen Kriegsschauplatz in der Baseler Gegend hatte Maximilian seinem Hofmarschall, dem älteren der beiden Fürstenberg, Heinrich, den Befehl übergeben. Dieser kam vier Tage nach jenem unschlüssigen Treffen vom Schwaderloch, am 22. Juli, mit

Abb. 88. Schwerer Roßharnisch Maximilians. Um 1500.
Nach einer Photographie von J. Löwy in Wien.

den Eidgenossen, denen es gelang, ihn unvermutet zu überfallen, bei Dorneck im Solothurnischen zum heißen Kampfe. Heinrich fiel sogleich im ersten Lärm, als er mit geringer Begleitung sich in den Kampf warf, und erlebte somit die völlige Niederlage der Seinen nicht mehr; einer von den fünfzehn seines Hauses, die auf Schlachtfeldern des Reiches und Habsburgs kämpfend gefallen sind. Nun gab Maximilian den Krieg

Bruders stand. Unter Zelten, die man über und bei dem klar sprudelnden Donauquell aufgeschlagen hatte, wurde glänzend getafelt, und Tanz und Lustbarkeit schlossen sich daran. Noch einmal flackerte Maximilians Kriegslust auf, aber die Bundestruppen waren meistens schon davongezogen. So schalt er zwar viel — „mit solcher Kriegführung verderben wir uns selbst und werden alle zu Schanden, es ist das elendeste Ding, es ist, als würfen

Abb. 40. Aus den Reliefs am Innsbrucker Denkmal: Einzug in Mailand 1512.
(Nach einer Photographie von Fritz Grall in Innsbruck.)

zunächst auf und fand dann nach seiner Art rasch seinen guten Humor wieder. Anfang August nahm er nebst seiner Gemahlin, die er zu Villingen abgeholt hatte, und mit vornehmer Begleitung, darunter dem Markgrafen von Brandenburg, Quartier bei dem Grafen von Fürstenberg zu Donaueschingen. Eine Einkehr in unbefangener geselliger Laune, wiewohl er „kein geringes und besonders gnädiges Mitleiden" mit dem in so tiefe Trauer versetzten Grafen Wolfgang trug, der gerade in Bemühungen und Unterhandlungen für die angemessene Bestattung seines

wir das Geld in die See" — aber ging über den Schwarzwald in seine Stadt Freiburg. Ein vorläufiges Abkommen mit den Schweizern zu Basel vom 22. September 1499 ließ den Hauptpunkt, die Anerkennung der Reichsbeschlüsse von 1495, noch unentschieden; aber dabei und bei faktischer Nichtanerkennung blieb es. Der Westfälische Friede von 1648 hat dann formuliert, was man sich das ganze XVI. Jahrhundert hindurch im öffentlichen Reichsrecht zu verbergen gesucht: daß das Reich seine ehemaligen Glieder in der Eid-

Abb. 90. Bildnisgruppe mit Papst Julius II. aus dem Heliodorbilde von Raffael im Vatikan.

genossenschaft seit 1499 stillschweigend aufgegeben hatte.

Was übrigblieb aus diesem Kriege, war eine geheime oder offene Bewunderung der Eidgenossen, die nun auch noch durch den Anschluß der Graubündner gemehrt waren, in ganz Südwestdeutschland. Dortige Flugschriften spotteten, wie man sich zuvor beim Weine vermessen habe, daß einer drei Schweizer bestehen wolle, und nun König, Fürsten und Herren zu Schanden geworden seien. Weit verbreitet war die Neigung, der Eidgenossenschaft beizutreten, und blieb es jahrzehntelang in ihrer ganzen Nachbarschaft. Geschickte eidgenössische Propaganda kam hinzu, und auch deren unumgängliche Begleiterscheinungen, thöricht-nutzlose Demonstrationen fehlten nicht; in der Hauptstadt des österreichischen Breisgau ließen Studenten aus St. Gallen durch ihre Diener in den Straßen ausschreien: Hie Schweizer Grund und Boden! — Aber die Reichsstädte Schaffhausen und Basel traten zur Eidgenossenschaft über: die Reichstreue von Konstanz wurde nur durch Zahlungen Maximilians erkauft, worüber im Karlsruher Archiv noch ungedrucktes Material liegt. Als dann die Bauernkriegstürme losbrachen, da scholl es wieder mit dreisterem Ton im ganzen Südwesten: Der Herren Sitz mehret die Schweiz! Man ahnte ja nichts, während die „Freiheit löblicher Eidgenossenschaft" so süß verlockend klang, von dem harten Aristokratenregiment mancher eidgenössischen Orte und nichts von der vielerlei Not, die die Schweizer Bauernsöhne als Reisläufer in die Fremde trieb. Ein fliegendes Blatt, das viel umging, meinte, Schloß Steinsberg, jene im Kraichgau aufragende Burg, die man von den Heidelberger Höhen nach Südosten erblickt, das solle noch der Mittelpunkt der Eidgenossenschaft werden. Und wahrlich, fast ist es bei damaligem Reiche ein Wunder, und wohl nur der schließliche energische Austrag des Bauernkriegs hat es ermöglicht, daß die Schweiz, dieses durch viel habsburgische Schuld entfremdete herrliche Land kerntüchtigster deutscher Bevölkerung, nicht noch manches andere gute schwäbische Gebiet oder sonstige Stück von dem siechen Reiche los und zu sich hinüber gerissen hat.

Wie ein Glück oder Unglück selten allein kommt, so auch — in mehr oder minder deutlicher Kausalverbindung — selten eine Niederlage, und besonders in der Lebensgeschichte Maximilians. Während dieser am Oberrhein den Bürgerkrieg des Reiches gegen seine bisherigen Unterthanen verlor, brachte Ludwig XII. in Italien alles, was er wollte, zum Gelingen. Mit den Borgia war er wieder eng verbündet, dem Cesare, der ihm den Ehescheidungsdispens überbracht hatte, gab er das Herzogtum Valence im Delphinat, und der Sohn des Papstes nannte sich nun auch Herzog von Valentinois. Gegen Mailand sandte er den tapferen Gian Jacopo bei Trivulzi wieder voraus, er selbst folgte nach und warf im August 1499 — gerade als Maximilian den Schweizerkampf aufgab — die Herrschaft des Sforza ohne sondere Kämpfe über den Haufen; Ludovico floh nach Deutschland, und Ludwig XII. zog in Mailand ein.

Maximilian tröstete zu Innsbruck nach Möglichkeit seinen entthronten Gast und Lehnsmann; Werbungen von Tirol aus zu veranstalten konnte er ihm ja leicht frei stellen, und so brachte der Herzog etliche Burgunder und Schweizer zusammen. Aber als Ludovico im nächsten Frühjahr in die Lombardei kam und Mailand seinen Gewaltherrn jubelnd wieder aufnahm, verließen ihn mitten in seiner Hoffnung die von ihren Behörden heimbeorderten Schweizer. Er mußte froh sein, als Mönch verkleidet in den Reihen der Abziehenden mitgehen zu dürfen; dabei aber lieferte ihn Verrat in die Hände der Franzosen, er wurde nach Frankreich geschafft und ist dort nach zehn Jahren engsten Kergergewahrsams im Schloßturm von Loches gestorben. Das Herzogtum Mailand blieb in den Händen der Franzosen und damit eine neue ungelöste Verwickelung bestehen, indem ja Mailand zuletzt wieder mehr denn früher als deutsches Reichslehen gehalten worden war.

Mit solchen Erlebnissen allerorten trat Maximilian vor den Reichstag zu Augsburg von 1500. Jetzt war die trotzige Ungeduld von 1495 tief niedergebeugt, und er widersetzte sich dem „Regiment" der Stände nicht mehr, das über alle Reichssachen mit Einschluß der auswärtigen Angelegenheiten befinden sollte. Der König verfügte als solcher und für Österreich und Burgund nur über drei Vertreter, gegenüber achtzehn der Kurfürsten, Fürsten, Prälaten, Grafen und Herren und der Reichsstädte. Also über eine wahrhaft ungerecht kleine Minderheit. Es war seine thatsächliche Abbankung und war ja auch so gemeint.

Ferner wurde hier in Augsburg der erste Anfang mit der Kreiseinteilung des Reiches gemacht. Man bildete sechs Kreise, die als solche ebenfalls im Reichsregiment vertreten sein sollten und zwar durch Beauftragte aus den Ständen der Ritter und der Doktoren. Es waren bedeutsame Pläne und Beschlüsse mit dem Zweck, dem Reichskörper eine eigene Organisation zu geben und zugleich einem weiteren Publikum, dem Kleinadel und dem gebildeten, die neuen Beamten stellenden Bürgertume, Geltung in den öffentlichen Angelegenheiten zu verschaffen. Was besonders bemerkenswert ist, hier ging man einmal über die herkömmliche

Abb. 92. Aus den Reliefs am Innsbrucker Denkmal: Sieg über die Franzosen bei Guinegate.
Nach einer Photographie von Fritz Gratl in Innsbruck.

politische Zersplitterung, über die Gruppierung in die unzähligen Reichsstände ganz hinweg und hielt sich an den nationalen Begriff einheitlicher socialer Schichten. Doch stellen die Anfänge von 1500 nur Entwürfe dar, und wir werden auf das Kreiswesen erst bei folgewichtigerer Gelegenheit zurückzukommen haben.

Maximilians Optimismus hatte sich damit getröstet, wenn das Regiment nun einmal nicht zu vermeiden sei, so werde es die Reichspolitik auch nicht anders handhaben können, als indem es die des Königs aufnehme und unterstütze. Hierin aber sah er sich schwer getäuscht. Die erste That des Regiments, das sich in Nürnberg einrichtete, war, mit Frankreich sanftmütige Verständigung über Mailand zu suchen. Maximilian war entrüstet, aber wie er nun einmal war, und da er gerade allerlei wider Venedig plante

Abb. 83. König Franz I. von Frankreich.
Gemälde von Tizian im Louvre zu Paris.
(Nach einer Originalphotographie von Braun, Clément & Cie. in Dornach i. E. und Paris.)

und dazu Frankreich zu brauchen gedachte, so wußte er auch nichts Besseres und wurde selber noch friedenseifriger als das Regiment, um diesem zuvorzukommen. Im Oktober 1501 traf er im bischöflichen Schlosse von Trient mit dem französischen Unterhändler Kardinal d'Amboise zusammen und gestand dem König Ludwig gegen Heiratsaussichten für Maximilians Enkel Karl die Belehnung mit Mailand zu. Freilich erst 1505 ward diese Belehnung zu Hagenau vollzogen, nachdem neu aufgetauchte Störungen beseitigt und die Abmachungen von 1501 durch neue Verträge befestigt worden waren.

Das Königtum war mediatisiert, die abgestufte Aristokratie der Stände zum Haupt und Souverän im Reiche geworden. Die Fürsten hatten mit der Einsetzung des Regiments etwas unternommen, was dem Anscheine nach die ganze deutsche Geschichte hätte in neue Bahnen lenken können. Aber hier zeigt sich, daß schließlich doch immer, unter allen Regierungsformen, der Einzelne im Vorteil ist. Beim Bürgertum behielt trotz allem der viel planende, kriegerische, unermüdliche König mehr Liebe, als das Rätekollegium des Regiments mit seiner sofort gezeigten geruhsamen Sparsamkeits- und Nurjaleinenentschluß-Politik. Maximilian konnte beginnen, dem Regiment durch eigenes beschleunigtes Handeln (wie gegenüber Frankreich), durch alle mögliche Querpolitik und heimliches Beinstellen das Leben sauer zu machen, und fand dafür eine gewisse populäre Anerkennung. Schon 1502 hatte er sowohl die Räte vom Regiment, wie auch die Beisitzer vom Kammergericht so weit, daß sie einfach auseinander gingen; für ihre ausgesetzte Besoldung zu sorgen, war von Anfang an niemandem eingefallen, und irgend ein Erfolg ihrer Beschlüsse war nicht wahrzunehmen gewesen.

Nach der tiefen Depression von 1499 und 1500 geht es wieder einmal eine Weile mit Erfolgen aufwärts in Maximilians Regentenlaufbahn. Er hatte im Jahre 1496

Abb. 84. Maximilian und Anna von Ungarn. Denkmünze auf ihre Verlobung.

die früher verweigerte Hand der Juana von Spanien für seinen Sohn Philipp doch noch erlangt (Abb. 80—82); Juanas Bruder Don Juan führte 1497 die verlassene Braut Karls VIII., Margarete von Burgund, heim. Eine Doppelheirat, die ansehnlich war, aber keine Erbaussichten bot. Da starb jedoch Juan noch 1497. Nun war Erbin der beiden spanischen Reiche Juanas ältere Schwester Isabella, die mit dem König von Portugal vermählt war. Aber auch sie starb 1498, und 1500 starb noch ihr Sohn und einziger Erbe Miguel. Durch diese drei unvermuteten Todesfälle

Abb. 85. Aus den Reliefs am Innsbrucker Denkmal: Schlacht gegen die Venetianer.
Nach einer Photographie von Fritz Grall in Innsbruck.

Abb. 96. Kaiser Maximilian in der Messe. Oben zwischen dem Kaiser- und dem Königswappen das
Papstwappen Leos X. (Medici). Holzschnitt von Hans Burgkmair.

sah sich Juana als nunmehr älteste der
überlebenden Schwestern zur Erbin von ganz
Spanien nebst seinen europäischen Neben-
landen und transoceanischen Kolonien bestimmt. Ihrem Ehebunde mit Philipp ent-
sproß (nach Töchtern) im gleichen Jahre
1500 der erste männliche Erbe, Karl, der
zu Gent geboren wurde. Auf ihn folgte
1503 noch ein zweiter Sohn, Ferdinand,
der in Spanien geboren ward. Jener Karl

ist der spätere Karl V., von dem wir schon berichtet haben, daß Maximilian ihn alsbald, während er noch Säugling war, in die habsburgische Heiratspolitik einstellte, indem er ihn im Jahre 1501 mit Claudia, der Tochter des französischen Königspaares, verlobte, welcher von diesem die Bretagne, das Erbe der Mutter, als einstiges Heiratsgut zugesagt wurde.

Als 1504 die alte regierende Königin Isabella von Castilien starb, trat Philipp von Burgund im Namen seiner Gattin und seiner Söhne die Regentschaft an über das größte und blühendste Königreich der hispa-nischen Halbinsel und über die geheimnisvollen Fernen des für Castilien neuentdeckten „Indien“ jenseits des Oceans. Es schien erfüllt, was Friedrich III. in der kabbalistischen Mystik seines A. E. J. O. U. einst erträumt hatte, erfüllt durch Fügungen, die keine menschliche und politische Berechnung je hätte ahnen können. Der junge burgundische Herzog ließ es sich wenig anfechten, wenn sein galliger Schwiegervater ihm, an den er doch auch Aragonien einmal vererben mußte, die größten Schwierigkeiten bereitete. Ja, als zu Tage trat, daß Juana mehr und mehr vom Schatten des Wahnsinns, hauptsächlich in Form rasender Eifersucht, umnachtet wurde, wandte sich Ferdinand an die castilischen Cortes, um durch deren Mitwirkung die Regentschaft zu erlangen. Aber Philipp war und blieb der Vormund seiner Söhne, von denen entweder Karl oder beide miteinander die einzig möglichen Erben waren, und schlug alle Angriffe auf seine Regentschaft ab.

Seit dem Frühjahr 1506 befand sich Philipp wieder im Lande. Im Januar hatte er von Vlissingen aus, dem Hafen Middelburgs, die Überfahrt mit seiner Familie und mit einer ganz stattlichen Orlogflotte angetreten, auf der sich einige tausend Truppen, darunter 1200 deutsche Landsknechte, befanden. Den Oberbefehl dieser Truppen führte Graf Wolfgang von Fürstenberg, dem wir hier abermals begegnen, da ihn Maximilians besonderes Vertrauen schon frü-

Abb. 97. Conrad Celtes. Holzschnitt von Hans Burgkmair.

her zum Leiter der Erziehung Philipps und seitdem zu dessen intimstem Rat bestellt hatte. Die ausführlichen Berichte des Grafen an König Maximilian bilden eine wichtige Quelle und bieten uns zugleich höchst anschauliche Stimmungsbilder.

Es war damals unter allen Umständen nichts Kleines, auf die See hinauszugehen. Das Leben war überhaupt — dies nebenbei und im allgemeinen gesagt — in geringerer Sicherheit, man ward leicht einmal erschlagen, erstochen, vergiftet, durch Eifersucht umgebracht, auch wohl geschwind gehangen, man hatte viel mehr Gelegenheit zu Unfällen, und auch die Ärzte brachten die Menschen noch bei recht vielen Krankheiten zum Tode, die man jetzt zu heilen versteht. Aber man kam auch wieder leichter davon, der Arm der Gerechtigkeit war rasch, aber kurz, der Krieg nicht so mörderisch und unerbittlich. Und im übrigen bangte man nicht allzu sehr ums Leben und fuhr ohne viel Kummer dahin, wenn

BILIBALDI·PIRKEYMHERI·EFFIGIES
·AETATIS·SVAE·ANNO·L·iii·
VIVITVR·INGENIO·CAETERA·MORTIS
·ERVNT·
·M·D·XX·iv· AD

Abb. 96. Willibald Pirkheimer. Kupferstich von Albrecht Dürer, 1524.
(Nachstich.)
„Man lebt durch seinen Geist, das übrige gehört dem Tode.“

man nur Zeit gehabt, seinen Frieden mit Gott zu machen. Auch Philipp und seine Begleiter kamen in die Lage, schwere Gelübde um ihr Leben zu thun (große Schenkungen an St. Jakob von Compostella, lebenslängliche Fleischenthaltung und dergleichen, was wohl nicht alles gehalten worden ist) und im übrigen geduldig und furchtlos auszuharren. Vier der Schiffe sanken mit der Besatzung, andere trieben in cornwalisische Häfen, Philipps Fahrzeug hatte schwere Havarie auf einem englischen Riff, konnte jedoch einen Nothafen anlaufen, nachdem es für die Begleiter zehn Tage verschollen gewesen war. Juana benutzte übrigens die unfreiwillige Anwesenheit in England, um ihre Schwester Katharina zu besuchen, bekanntlich später die erste Frau König Heinrichs VIII., damals noch die Gemahlin von dessen Bruder, dem Prinzen Arthur.

Dann unternahm man aufs neue das Glück der Fahrt und gelangte wohlbehaltener, als durch den Kanal, durch die offene See nach Spanien. Die Aufnahme war günstig, es zeigte sich, daß die Castilianer den König Ferdinand nicht ausstehen konnten und um so lieber treu zu Philipp hielten. Dieser hielt sich aber auch „so trutzlich“, verhandelte

Abb. 99. Maximilian beim Harnischschmied. Aus dem „Weißkunig".

mit den Spaniern so weislich und verhielt sich in allem so wohl, daß er sie ganz gewann. Ferdinand sandte vier Herren mit weißen Stäben ins Land, die sollten die obersten Richter sein, aber Philipp schickte sie heim und sagte ihnen, er sei König und sorge selber für die Rechtspflege. Der größte Feind, erzählt Graf Fürstenberg weiter, den König Philipp neben seinem Herrn Schwiegervater habe, das sei die Königin Johanna, seine Gemahlin. Die sei böser, als ihm gestattet sei, Königlicher Majestät zu schreiben. „Auf morgen schickt die Königin alle Frauen und Jungfrauen, die sie mit sich gebracht, wieder nach Brabant zurück, da sie dieselben nicht bei sich haben will, nur ein altes Weib wird sie hier behalten." Großes Aufsehen machten in Spanien die deutschen Landsknechte durch ihre Tüchtigkeit und Zucht, weniger günstig erscheinen in den spanischen Quellen die Niederländer. Ersteres wird Maximilian, nach schlimmen Erlebnissen in den Anfängen seiner Thätigkeit für die Aus-

bildung dieser neuen Truppe, sehr gefreut, er mag es aber auch wohl ihrem Führer im Herzen besonders gedankt haben.

Am 27. Juni brachte Philipp nach manchem Hin und Her einen Vertrag mit Ferdinand zustande, der Juana von der Regierung ausschloß und diese bestätigend in Philipps Händen legte. Aber das gleiche Jahr 1506, das so guten Fortgang sah, sah auch ein baldiges jähes Ende. Am 25. September starb Philipp nach kurzer Krankheit; zu Granada wurde er begraben.

Es war ein schwerer trauriger Schlag nicht nur für den Vater, auch für den Politiker und politischen Phantasten Maximilian. Die Zusammenfassung der Kräfte von Deutschland und Spanien gegen Frankreich, der Kreuzzugsgedanke gegen den Islam mit der besonderen Wendung gegen Afrika und von dorther gegen die Osmanen — alles war mit dem blühenden Sohne dahin. In den Niederlanden wie in Castilien traten Regentschaften ein: dort Margarete, hier nach langem diplomatischem Ringen Ferdinand von Aragonien. Karl und Ferdinand, den Enkeln Maximilians, gehörte künftig die halbe Welt, aber Maximilian selber mußte sich gestehen, daß er von dieser Sachlage und jedem daraus herzuleitenden Anspruch und Gewinn ausgeschlossen sei.

Inzwischen hatte ihm das Jahr 1504, in welchem Isabella starb und Philipp begann, sich König und Regent von Castilien zu nennen, ein ganz Neues und längst nicht Gewohntes im Reiche gebracht: einen Triumph der Krone und die Demütigung fürstlicher Widersacher. Überall standen die Wittelsbacher, in Kurpfalz so gut wie in Bayern, gegen Habsburg. Die im Kronstreite Ludwigs des Bayern und Friedrichs des Schönen verkörperte Gegnerschaft hatte thatsächlich nie ein Ende gefunden. Mit an der Spitze der kurfürstlichen Opposition stand der Pfalzgraf und Kurfürst bei Rheine; Bayern dagegen hatte zu seinen herausfordernden Hoffnungen, Tirol zu gewinnen und schwäbische Reichsstädte einzuverleiben, weitere Beleidigung gefügt. Als der alte Kaiser Friedrich vor Matthias Corvinus flüchtete und aus Innsbruck weiter nach Schwaben zog, ließ er dort seine zwanzigjährige Tochter Kunigunde zurück. Maximilian, stets ein viel planender Heiratsstifter, hatte sie zwar früher schon dem Herzog Albrecht von Bayern-München angetragen. Aber um so mehr war Friedrich dagegen. Als sie nun in Siegmunds Obhut zurückgeblieben war, war zwischen diesem und dem Münchner Hofe der Plan neu zur Sprache und die Verlobung zustande gekommen, auch die Vermählung unter höchster

Ungnade des Kaisers im Januar 1487 vollzogen worden. Kunigunde wird übrigens als ein vortreffliches junges Weib von herzhaftem und klugem Sinn geschildert, und ihre Ehe ward überaus glücklich. Dies alles lag etwas weiter zurück, aber ohne rechte Versöhnung.

Nun starb am 29. November 1503 Herzog Georg der Reiche von Bayern-Landshut, und um sein Erbe stritten sich Herzog Albrecht von München als nächster und durch Erbvertrag noch besonders berechtigter Agnat und Ruprecht, der zweite Sohn des Kurfürsten Philipp von der Pfalz, als Schwiegersohn, beide Wittelsbacher. Während Albrecht sich klug zu Maximilian hielt, der in seiner Eigenschaft als Reichsoberhaupt ihn schon 1497 in jenem Erbe anerkannt hatte, wollte der Pfälzer, weil ihn Georg eingesetzt hatte, von Reichstag und königlichem Spruch nichts hören, begann Krieg und geriet darüber in Acht und Aberacht; mit ihm schließlich als Helfer sein Vater, der erste weltliche Kurfürst des Reiches. Zu Maximilian, der die Rolle des tertius gaudens schnell und klug mit der Unterstützung Albrechts vertauscht hatte, hielten der Schwäbische Bund, Ulrich von Württemberg, der Landgraf von Hessen, der Markgraf von Brandenburg-Ansbach und die Stadt Nürnberg.

Im Landshutischen, im heutigen Nordtirol, in der linksrheinischen Pfalz und in der Ortenau ward der Krieg geführt, den das junge Pfälzer Paar mit unerschrockenem Mut gegen die Übermacht des Königs und der mit ihm Verbündeten aushielt. Mit Ruprecht, der das bayerisch-münchnerische Kufstein eroberte und damit Maximilians erhoffte Beute vorerst wegnahm, war feine Gemahlin Elifabeth im Feldlager, fie ging in Stiefeln und Rüftung unter den Landsknechten umher, trug felber die Waffe und feuerte mit lebhaften Worten zu Mut und Ausharren an. Indeffen fchon im Auguft 1504 raffte ein plötzlicher und früher Tod Ruprecht und dann im September das gleiche Gefchick auch Elifabeth hinweg, und damit war der pfälzifchen Partei die Kriegsfreudigkeit genommen.

Hohn des Königs die Spuren der fchweren Schüffe an den Mauern mit Beien lehren laffen. Mit Hilfe feiner beiden mächtigften Stücke, die Maximilian von Innsbruck auf dem Fluffe herabkommen ließ, des „Purlepaus" und des „Weckauf von Öfterreich" ward endlich die Jefte zufammengefchoffen (Abb. 43), dann geftürmt. 42 Verteidiger waren noch übrig; Maximilian ließ fie zum

Abb. 101. Maximilian berät mit den Gefchützgießern.
Holzfchnitt H. Burgkmairs zum „Weißkunig".

mit war der pfälzifchen Partei die Kriegsfreudigkeit genommen. Maximilian brachte in den Rheinlanden den alten Kurfürften zum Stillftande, und als er dann auf dem bayerifchen Kriegsfchauplatze erfchien, fchlug er die von den Pfälzern geworbenen Böhmen bei Regensburg und konnte darauf beginnen, Kuffiein zu belagern, das von dem wackeren Hans von Pienzenau in unerfchütterlichem Mut verteidigt ward. Ein hiftorifches Lied erzählt, Pienzenau habe zum

Tode führen, und erft als 18 davon, der tapfere Pienzenauer voran, unter dem Richtfchwert gefallen waren, konnten der Einfpruch und die Bitte der anwefenden Fürften die weitere Vollftreckung des unedelen Zornfpruches verhindern.

Mit dem Falle von Kuffiein war aber der Krieg zur Hauptfache beendet. Jetzt ftand diefer viel befiegte König als Sieger vor dem Reiche da, jetzt konnte er einmal — um fo unbehinderter, als Ende 1504 auch

Bertold von Mainz gestorben war — be-
fehlen und fand rings umher stumme Scheu.
Der Kölner Reichstag von 1505 ordnete die
Landshuter Angelegenheit. Für die Kinder
Ruprechts und Elisabeths, unter denen Otto-

heinrich später durch schrägen Erbgang Kurfürst und einer der berühmtesten Herren
der Pfalz werden sollte, wurde nur die
„junge Pfalz" (Pfalz-Neuburg an der Donau) geschaffen und das übrige an Bayern

Abb. 102. Die große Kanone. Stichzeugung Albrecht Dürers. (Aegia angerische Lager.)

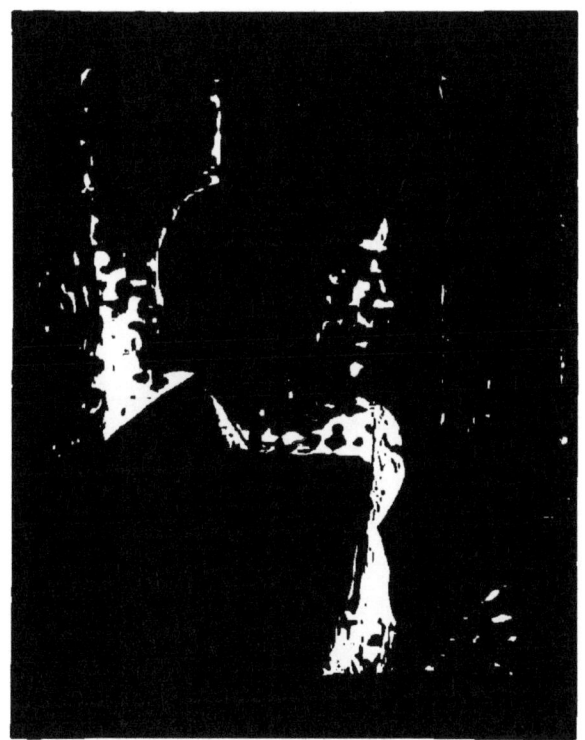

Abb. 103. Jacob Meyer, Bürgermeister von Basel.
Zeit- und Kostümbild von 1516. Ölgemälde von Hans Holbein im Museum zu Basel.
(Nach einer Originalphotographie von Braun, Clément & Cie. in Dornach i. E. und Paris.)

überwiesen. Für Maximilian brachte der Ausgang die Erfüllung von allerlei verstreuten, aber gar nicht unerheblichen territorialen Wünschen und eine dauernde Vorrückung des tirolischen Gebietes nach Norden, wo das neubefestigte Kufstein fortan für Habsburg die Grenzwacht hielt. Der Kurfürst von der Pfalz, Ruprechts Vater, blieb ein zwar unausgesöhnter, jedoch geächteter und unschädlicher Mann, Maximilian aber ein Sieger in Reichsangelegenheiten; ganz erstaunt berichtete der venezianische Gesandte seiner Signorie: die Königliche Majestät ist zur Zeit gleichsam ein wahrer Beherrscher des Reiches und der Staatsgewalt in Deutschland.

Noch auf dem Konstanzer Reichstage von 1507 erwies sich diese ungemein verstärkte Stellung, die die tiefe Demütigung des stolzesten Kurfürsten dem Könige verliehen hatte. Man sieht zugleich, wie Maximilian doch bis zu einem nicht geringen Grade dazu angethan war, vom Reiche und zumal vom Volke als ein rechter Herrscher aufgefaßt und als solcher erhöht zu werden. Der Reichstag bewilligte ihm jetzt leicht eine sehr ansehnliche Reichshilfe nach Italien zum Römerzuge und zur Kaiserkrönung, wonach der König längst sehnend verlangte. Aber nun kommt wieder diejenige Art von Kalamitäten, womit er nicht fertig wurde: Venedig und Frankreich (als Herr von Mailand) ließen ihn einfach nicht aus den Alpen heraus, auch nach Westen durchzubrechen hätten ihn die Eidgenossen verhindert. Im deutschen Grenzbistum Trient kam der romfahrende König zum Stillstand und überhaupt nicht mehr weiter. Er freilich in seiner Ungeduld und planenden Vielseitigkeit verfiel rasch und bequem auf eine einfache Lösung: am 4. Februar 1508 ließ er in der Peters-

Abb. 104. Die Gattin des Bürgermeisters Jakob Meyer.
Zeit- und Kostümbild von 1516. Gemälde von Hans Holbein im Museum zu Basel.
Nach einer Originalphotographie von Braun, Clément & Cie. in Dornach i. E. und Paris.

kirche zu Trient vor den Feldhauptleuten verkünden, daß er den Titel Römischer Kaiser angenommen habe. Ebenso ward durchs Reich verbreitet; nur solle, wenn Kaiserlicher Majestät schriftlich gedacht werde, „erwählter Römischer Kaiser" geschrieben werden. Das war eine Rücksicht auf den Papst. Dieser selbst war ganz zufrieden, daß Maximilian fern blieb, obwohl er an dem Romzugsplane beteiligt gewesen war, und hieß alles gut. Auf diese Weise haben die längst überlebten Romfahrten deutscher Könige ohne Sang und Klang ihr Ende genommen, und der Kaisertitel, den vorher niemand als durch den Papst erhalten konnte, ist fortan von den deutschen Herrschern jeweils seit dem Datum ihrer Thronbesteigung getragen worden, wenn auch Karl V. noch einmal eine nachträgliche Krönung durch Clemens VII. hat vollziehen lassen.

Bald danach bekam Maximilian Oberwasser. Von überall her spitzte es sich gegen Venedig zu, und er selber war ja nie eifriger, als wenn er gegen die adriatische Herrscherin planen und rüsten konnte. Papst Julius II. (1503—1513, Abb. 85) aus dem Hause der unechten della Rovere, der politisch und menschlich größte der Herrscher zu Rom in der Zeit der Hochrenaissance, schloß sein Bündnis mit dem neuen Kaiser enger, Frankreich, Spanien näherten sich, so kam die Liga von Cambrai, vom Dezember 1508, gegen Venedig zustande. Der Krieg gegen dieses begann (Abb. 95); Maximilian eroberte Verona, Vicenza, Triest, die Hauptunternehmung war die Belagerung von Padua, die er aber gerade in dem Augenblick ungeduldig aufgab, als drinnen Munition und Lebensmittel so gut wie zu Ende gelangt waren.

Und darauf ließ sich Maximilian im Schlepptau der französischen Politik in deren neue Wendung gegen den Papst einbeziehen. Es entsprach ganz seiner Natur, wenn er bei dieser Gelegenheit in größter Eilfertigkeit auch den Plan einer deutschen Nationalkirche ohne den Papst in petto hatte. Welch bedeutsames Planen in solcher Zeit! Aber leider in den Händen eines Maximilian. Daher wurde auch sehr rasch wieder ein neues Projekt daraus. Als etwas später Julius II. erkrankte und Adel und Volk zu Rom sich ganz im Stil des X. Jahrhunderts in Aufruhr gegen den Priesterstaat erhoben und den Kaiser riefen, um ihn als Werkzeug zu brauchen, da dachte Maximilian die Gelegenheit zu erspähen — selber Papst zu werden. Jedenfalls irgendwie dessen Autorität und Machtstellung mit der kaiserlichen zu verbinden, von der sie in alt verschollenen Zeiten abgegangen hatte und verliehen worden war. Er schrieb darüber voller Hoffnungen und Phantasterei an seine Tochter Margarete und unterschrieb: „Euer guter Vater Maximilian, künftiger Papst." Indessen Papst Julius II. war ein Mann, der in finsterer Regennacht seine Batterien inspizierte, der im Kugelfeuer und Schnee-

gestöber Befehle gab und selber Geschütze richtete — es fiel ihm nicht ein, zu sterben oder seinen Römern daheim nachzugeben, während er im Felde stehen mußte. Und 1512 führte er kraftvoll und gebietend die im Jahre vorher geschlossene „heilige Liga", zu der außer ihm Venedig und Spanien gehörten, gegen Frankreich. Noch hielt Maximilian zu letzterem gegen die Liga. Am Ostertag 1512 kämpfte man bei Ravenna, wo Frankreich seinen heldenmütigen jugendlichen Führer Gaston de Foix verlor und eher geschlagen ward als siegte, obwohl auch die Ligisten das Feld räumten. Dann aber wandte auch der deutsche König sich hinüber, und immer mehr gewann Julius II. Kraft in diesem Kampfe, dessen bewußtes Ziel die endliche Wiedervertreibung der fremden französischen Übermacht von dem Boden Italiens war, welches Julius wenn auch nicht als Einheit führte, so doch als Gegenstand einheitlicher politischer Gedankengänge zusammenfaßte.

Damals schuf Raffael in den Stanzen des Vatikanpalastes in der Reihe seiner gewaltigen Fresken an der Darstellung der Vertreibung des Heliodor. In einer Scene voll stürmischer Bewegung, ähnlich diesen

Abb. 105. Burgflecken zur Zeit Maximilians. (Mit dem heil. Antonius.)
Kupferätz von Albrecht Dürer.

raschen Kämpfen von 1512, ergreifen und jagen den Tempelschänder die himmlischen Rächer des Herrn; in desto imposanterem Gegensatz erhabener Ruhe aber wird von der Seite her der lebende und regierende Papst Julius II. auf dem Tragsessel in die historische Scene getragen (Abb. 90). Das Bild ist die symbolische, dieses Papsttum verherrlichende Darstellung des großen Aktes der Franzosenvertreibung aus dem Lande Italien, darin der Stellvertreter der Apostel residiert und voller Kraft und Größe die Führung der Geschicke der Halbinsel an sich genommen hat.

Den eigentlichen Ausschlag gaben dann die Schweizer. Hier tritt ihre junge Souveränität noch bestimmter auf als je bisher. Als europäischer Staat, mit eigener Großmachtpolitik, erkämpfen sie nicht mehr für andere, sondern für ihre eigene Schutzherrschaft die Lombardei von den Franzosen und halten das Herzogtum Mailand in der Hand; die Einsetzung von Ludovico Moros Sohn Massimiliano Sforza, ihrem Schützling, ist das Werk dieser Politik, welche Kaiser Maximilian durch die nunmehrige Belehnung des Sforza — an der Stelle des von ihm selbst 1505 belehnten Ludwig XII. — vervollständigt und legitimiert.

Auch England unter seinem neuen König Heinrich VIII. hatte 1512 die alte Gegnerschaft gegen Frankreich wieder aufgenommen und rüstete im Einklang mit der heiligen Liga zur Fahrt über den Kanal und zum Einfall in den Norden des Nachbarreiches. Unter diesem Eindruck wurde die Franzosengegnerschaft Maximilians noch hoffnungsfreudiger, als bisher in diesen Jahren, und bot alles auf, was ihr an Kräften verfügbar war. Am 5. April 1513 schloß der Kaiser zu Mecheln ein Bündnis mit Eng-

IACOBVS·FVGGER·CIVIS·AVGVSTÆ

Abb. 106. Jacob Fugger von Augsburg. Zeit- und Kostümbild.
Nach einem Farbenholzschnitt von Hans Burgkmair.

land ab, und einige Monate später kam er persönlich am Aire mit König Heinrich VIII. zusammen, der die Stadt Terouanne in Artois belagerte (Abb. 91). Der Kaiser — nur die deutsche Geschichte kennt so widerwärtige Abwesenheit der geringsten Selbstachtung — erklärte voll Eifer dem Könige der Engländer, als dieser ihn mit Geschenken demütigte, die Maximilian nicht zu erwidern vermochte: am Tage der Schlacht kein eigen kaiserlich Banner neben dem von England entfalten, sondern nur des Königs und des heiligen Georg Diener sein zu wollen.

Es war dieselbe Gegend, wo Maximilian vor 34 Jahren seine erste und überhaupt seine glücklichste Schlacht geschlagen hatte. Nun jagte er zum zweitenmale bei Guinegate (Abb. 92), am 16. August 1513, die französischen hommes d'armes in wilder Eile vor sich her; sie brauchten die Waffen gar

Abb. 107. Fackeltanz. Nach einem Holzschnitt Albrecht Dürers.

nicht und nur ihre Sporen mit solcher Be=
hemenz und die Verfolger hinterdrein des=
gleichen, daß die Schlacht den Namen der
Sporenschlacht behalten hat. Aber bald genug
wandelte sich Heinrich VIII. zu Ludwig XII.
hinüber, zumal Papst Julius in demselben
Jahr 1513 gestorben und an die Stelle dieses
Großen, der alles zusammenhielt, Leo X., d. i.
Giovanni dei Medici getreten war, der die alte
Franzosenfreundschaft seines Hauses wieder
aufnahm. In Unlust ging das Bündnis
Heinrichs und Maximilians auseinander, mit
ihm auch die geplante Verlobung des jungen
Karl von Spanien — dessen Verlobung mit
Claudia von Frankreich in den Wechseln der
französischen Politik Maximilians längst ver=
schollen war — mit Heinrichs Tochter Maria
von England, derselben, die später den Namen
der blutigen Maria erwarb. Und als am
1. Januar 1515 König Ludwig XII. starb

und sein Verwandter und Schwiegersohn
Herzog Franz von Angoulême (Abb. 93), der
Gemahl Claudias, der Nachfolger ward, erlitt
damit die beherrschende Stellung Frankreichs
in den Welthändeln keine Einbuße. Um so
weniger, als König Franz noch im gleichen
Jahre, im September, seinen berühmten Sieg
über die Schweizer bei Marignano erfocht
und damit wieder Herr von Mailand und
die maßgebende Persönlichkeit in Oberitalien
wurde, während Massimiliano Sforza das
Ende seines Vaters erlebte: ein langsames
Verderben in französischer Schloßgefangen=
schaft. Kaiser Maximilian hat 1516 noch
einmal einen flauen Vorstoß gegen Mailand
gemacht, dann aber hier Ruhe gegeben. Mehr
als zwei Jahrzehnte lang hatte er, bald in
der Hoffnung, in und um Mailand etwas
zu erreichen, bald in der Absicht, Venedig
zu berauben, in den italienischen Händeln

gesteckt und sich allen möglichen Kombinationen der dortigen Parteiungen und Bündnisse anzupassen gesucht. Etwas hat er schließlich durch sein Abkommen vom 26. August 1518 mit Venedig immerhin erlangt: Roveredo und die Idylle von Riva am Gardasee, sowie das Ampezzothal. Aber ein Lohn für alle aufgewendete Last von Kosten, Schulden und — Erniedrigung war das nicht. Es ist zu bitter, wir wollen es nicht weiter verfolgen: was wäre troß allem noch möglich gewesen, hätte dieser Kaiser, hochfliegend, begabt und bei den Deutschen beliebt, der Kraft des Reiches, die vielzerrissen und geschwächt, aber immer noch ansehnlich war, den kaiserlichen Adler vorangetragen zur Unterstützung wohlverstandener und wirklicher deutscher Ziele, auch im Norden, im Bereiche der Hansa, oder im Osten, wo der Deutsche Orden um sein Dasein rang, anstatt voll zarter Rücksicht um etwaiger Heiratsmöglichkeiten willen übermütige Jagellonen und Dänenkonunger bei ihrer nur allzu guten Laune zu erhalten!

Freilich dieser seiner Heiratspolitik blieb das Glück treu. Im Jahre 1515, nach langen Verhandlungen und viel Abneigung der Magyaren, kam folgende Verabredung zu stande: des Königs Wladislaw von Böhmen und Ungarn Sohn Ludwig verlobte sich mit Maximilians Enkelin Maria, und für seine Schwester Anna ward als Gemahl bestimmt: entweder Maximilians zweiter Enkel Ferdinand oder — der Großvater selber (Abb. 94). Auch hier im Osten hat, wenn es freilich Maximilian nicht mehr erlebte, rasch mähender Tod Habsburgs kühnste Hoffnungen erfüllt: der junge Ludwig II. von Böhmen und Ungarn, der 1516 seinem Vater nachfolgte, fiel 1526 bei Mohacz gegen die Türken und nun kamen seine Kronen nebst Mähren, Schlesien und den Lausißen an Anna und an Ferdinand, der inzwischen ihr Gemahl geworden war, den späteren Kaiser. —

Maximilian war eine Natur, die zu allem, was die Zeit trieb, eine eigene engste Beziehung haben mußte. Mit den ersten Persönlichkeiten unter den Humanisten und Gelehrten der Zeit in Verkehr zu stehen, war ihm genau so wichtig, wie der nahe Umgang mit kunstfertigen Meistern der Plattnerei oder Harnischschmieberei und der Stück-

Abb. 105. Turnier zur Zeit Maximilians.
Nach einem Holzschnitt von L. Cranach im Königl. Kupferstichkabinett in Berlin.

gießerei. Mit Wilibald Pirckheimer, dem fein-
gebildeten Ratsherrn von Nürnberg (Abb. 98)
und Konrad Peutinger, dem Ratsherrn zu
Augsburg, unterhielt er vielfältige und
lebhafte Beziehung; sie haben ihm auch oft
zur Vermittlung gedient, Goldarbeiter und
Holzschneider zu bestellen, Gelder zu schaffen

um seine weitere Existenzberechtigung führt
insbesondere der eisenklirrende Ritter der
alten Jahrhunderte. Das Fußvolk der neueren
Kriegsführung, das sich zudem der besonderen Pflege durch den Kaiser erfreut, die
eigene, nur allzu einseitige Ausbildung (mehr
zum Turnier als zum Kriege), die neuen

Abb. 109. Ritterliches Kostümbild zur Zeit Maximilians. (St. Georg.)
Nach einem Dürerschen Holzschnitt.

und Gläubiger hinzuhalten. Kam Maximilian in die genannten Reichsstädte, so
verbrachte er in den Werkstätten der dortigen
Künstler mit wirklichem Interesse und Behagen manche Stunde.

Den Städten und ihren Bürgern gehörte
damals die Zukunft. Was einst in mittel-
alterlichen Zeiten maßgebend gewesen, ist
entweder schon verschwunden oder ringt mit
dem Untergange. Den trostlosen Kampf

studierten Beamten bürgerlicher Abkunft:
alles das schiebt unaufhaltsam den Stand
der reisigen und lehensfähigen Ritter bei
Seite. Noch winkt ihnen nicht aus weitester
Ferne ein neuer Beruf im Offiziers- und
Beamtenstande; sie erleiden zunächst nur das
ganze Elend des mählichen Überflüssigwerdens
und Untergehens. Um die letzten hervor-
ragenden Vertreter des alten Rittertums,
die Kraftgestalten eines Franz von Sickingen

und Götz von Berlichingen hat verständnis-
volles und verklärendes Mitempfinden des
Volkes die ganze tiefe Tragik dieses unab-
wendbaren Geschicks eines ganzen großen

Bau in oder möglichst nahe an die haupt-
sächliche Stadt, die nun Residenz wird. Die
Burgen auf den ragenden Höhen verfallen
und veröden, nur in wenigen hausen noch,

Abb. 110. Berittener und Fußknecht zur Zeit Maximilians.
Nach einem Blatte Albrecht Dürers.

sozialen Standes und seines trotzigen, ver-
geblichen letzten Sichaufbäumens und Ver-
zweiflungskampfes herumkrystallisiert.

Die Welt geht in die Städte oder steigt
zu ihnen herab. Welcher Fürst oder große
Herr ein neues Schloß baut, der verlegt den

von allem neuen Leben geistig und räumlich
getrennt, verschollen und verbittert die alten
Besitzer.

Aber der Bürger ist und kann jetzt alles.
Sein Handel, sein Gewerbe beherrschen den
Verkehr, die Fugger (Abb. 106) und die

7*

Welser werden die Machthaber der Zeit, um deren Kredit die Könige und Kaiser buhlen, der Bürger hält Turnierspiel und üppige Feste, und statt des romantischen Ritterepos und des süßen Minneliedes, die einst in Pallas und Söller der Burgen erklungen, ertönt jetzt nicht minder eifrig eine bürger-

weisheit zur miniaturen- und initialengeschmückten, mit Gold und glühenden Farben gezierten, von Blattgewinden mit phantastischen Vögeln darin umrankten Romanhandschrift, worin im spähenden Fenstersitz die Burgfrau liest.

Auch der deutsche Humanismus findet

Abb. 111. Landsknechte. Nach einem Kupferstich von Albrecht Dürer.

liche Poesie, aber in feierlichen Zunftstuben als handwerksmäßiger Meistergesang. Praktischer, nüchterner, phantasieloser mutet die neue Welt allerdings an, als einst des Minnesangs Frühling und die Zeit des höfischen Rittertreibens. Das ist die Wandlung, die immerhin mit der Eroberung durch das Bürgertum erfolgt. Man möchte sagen, die neue Zeit verhält sich zur alten, wie ein Inkunabeldruck mit bürgerlicher Spruch-

seine Hauptsitze in den Städten. Da Renaissance und Humanismus von Italien aus nach Deutschland getragen worden sind, so finden wir beide am frühesten und am lebhaftesten an den herkömmlichen Stätten des Handelsverkehrs mit Italien: in den Reichsstädten Schwabens, besonders Augsburg, ferner in Nürnberg und in geradezu überraschender Entfaltung auf der großen überländischen Verbindungsstraße Italiens

Abb. 118. Trommler und Pfeifer.
Gemälde von Albrecht Dürer im Wallraf-Richartz-Museum zu Köln.

mit den Niederlanden, am Rheine. Eine wahrhafte Fülle der Talente sprießt in diesen rheinischen Landen aus dem Boden. Weithin strahlt der humanistische Ruhm der kurpfälzischen Hochschule zu Heidelberg; zu Basel hat Desiderius Erasmus von Rotterdam seine Wohnung genommen; Straßburg,

mus noch lange nicht, auch an seine kleineren Städte knüpft sich vielfach der Ruhm ihrer Söhne, so an Bretten, die Heimat Melanchthons, Pforzheim, die Geburtsstadt Reuchlins, das kleine Ettlingen, ferner Colmar und ganz vor allen Schlettstadt, von wo neben Anderen Wimpfeling

Abb. 113. Zeit- und Kostümbild. Aus Dürers Reiseskizzenbuch in der Albertina zu Wien:
Bildnis des kaiserlichen Hauptmanns Felix Hungersperg.
„Das ist hauptman felix der köstlich lautenschlaher.“

Worms, Köln stehen gleich jenen in der Gelehrtengeschichte der Zeit voran, und an Mainz haftet das Verdienst der neuerfundenen Buchdruckerkunst, welche ja mit der ganzen Entwicklung des neuen Geistes und der neuen Bildung in engster Wechselwirkung steht. Und hiermit erschöpft sich die Bedeutung des Rheinlandes für den Humanis-

(1450—1528) und Beatus Rhenanus (1485—1547) ihren Ausgang nahmen.

Eines unterscheidet zwar diesen deutschen Humanismus bedeutsam von demjenigen Italiens und rückt ihn dadurch auch etwas weiter ab von der kaiserlichen Person Maximilians. Der italienische Humanismus ist durchaus aristokratisch und ihn tragen die Höfe: z. B.

der Medici, der Montefeltre, der Päpste; in Deutschland steht ganz vereinzelt ein Ritter, wie Hutten unter den Humanisten, die ganze große Zahl besteht aus den Bürgersöhnen der Städte. Ihr Wirken ist viel weniger ein durch die Gunst und den Sinn freiheitspendender Mäcenaten der Werktagssphäre entrücktes, wie in Italien, wo ein so wundervolles Eichausleben vergönnt ist; sie sind

Immerhin, die Natur und Richtung Maximilians zwang auch alle Künste und Wissenschaft in ein höchst persönliches Verhältnis zu ihm und seiner Regierung. Was ihm das Leben brachte, waren ja nur sehr kümmerliche Bruchstücke von dem, was seine rastlos thätige Phantasie an Glanz und Großthat fortwährend in sich erschuf. Aber wie er eben war: bald sah er die Dinge wieder

**Abb. 111. Maximilian. Kohlezeichnung von Albrecht Dürer.
In der Albertina zu Wien.**
Beischrift: „Das ist Kaiser Maximilian den hab ich | Albrecht Dürer zu Augspurg hoch oben auff | der Pfalz in seinem kleinen Stüble kunterfeit | do man zalt 1518 am montag nach | Johannes tauffer."

durchweg oder doch bis auf wenige Pädagogen, und ihr Platz sind die Universitäten und die Schulen in den Städten. Darum aber wurzelt der deutsche Humanismus auch tiefer in der echten Seele des deutschen Volkes. Ist der italienische vor allem ästhetisch gerichtet, so überwiegt im deutschen Humanismus das Ethische zugleich mit dem nationalen Charakter. Und städtisch, bürgerlich ist ja auch der Ausgang der kraftvollen und großen Kunst der deutschen Renaissance.

so, wie er sie geträumt hatte, als ob sie inzwischen so geschehen seien. Dafür nun, die trübselige Wahrheit aus dem Gesamtbilde seines Lebens fernzuhalten und die Auffassung, die sich in ihm komponierte, auch für die Mit- und Nachwelt festzulegen, hat er Dichtung und Kunst unablässig in Anspruch genommen.

Desgleichen die Geschichte. Er hat auch sie mit voller Absicht in den Dienst der habsburgischen Idee und seiner eigenen Ge-

Abb. 115. Aus Dürers „Ehrenpforte": Einzug in eine erstürmte Stadt.

schichtsphantasie gestellt. Was er vor allem anzuregen und zu fördern suchte, waren Chroniken Österreichs und des habsburgischen Hauses. So ist es freilich kein Zufall, wenn wir nicht eigentlich die freiesten Geister und besten Historiker aus der Zahl der Humanisten, sondern statt dessen neben den immerhin tüchtigeren Stabius und Spießhelmer die Sundheim, Mantius, Grünbeck in seiner nächsten Nähe als Historiographen seines Hauses, seines Vaters Kaiser Friedrich III. und seiner eigenen Regierung finden.

Im allgemeinen ist die lebhafte Richtung des deutschen Humanismus auf die alte germanische Volksgeschichte und auf das Mittelalter weit eher auf das Vorbild der Wiedererweckung altrömischer Geschichte durch die italienischen Humanisten, welche zur analogen Nacheiferung lockte, und auf die gut deutsche Art des Bürgertums zurückzuführen, als auf die Anregungen, welche die Krone zu geben vermochte. Dessen ungeachtet besteht am ehesten auf diesem Gebiete ein Zusammenhang zwischen dem Kaiser und dem zeitgenössischen Humanismus, und sein eigener historisch-romantischer Sinn, sowie die Quellennachforschungen und Arbeiten seiner Hofhistoriker konnten auf das nationale Geschichtsinteresse nur verstärkend und aneifernd wirken. Wieder der Oberrhein und zwar der elsässische ist es, der hier in erster Reihe steht. Zu Schlettstadt entstand eines der frühesten Werke dieser Art, Jakob Wimpfelings Epitome, eine kurzgefaßte deutsche Geschichte, aus demselben lebhaften historischen Patriotismus hervorgegangen, der auch die Arbeiten des anderen schon genannten berühmten Schlettstädters beseelt, Bildes, der sich von seiner rheinischen Heimat den schönen Namen des Beatus Rhenanus wählte.

Beatus Rhenanus ist vor allem auch Veranstalter von gedruckten Editionen, Herausgeber alter Quellenwerke zur echten Kenntnis der frühen deutschen Geschichte. Diese erste Zugänglichmachung der unmittelbaren Schilderer und Erzähler, mochten es antike Autoren, wie Tacitus und Vellejus, oder die Historiker der Goten, der Langobarden, des Mittelalters sein, bildet eine der beachtenswertesten und verdienstvollsten Leistungen der neuen deutschen Gelehrtenschule. Von solchen Editoren ist mit in erster Linie der Franke Konrad Pickel oder Celtes (1459—1508) zu nennen (Abb. 97), ein rechter typischer unstäter Wanderhumanist, den übrigens schon Kaiser Friedrich 1487 nach humanistischer antikisierender Sitte mit dem

Dichterlorbeer gekrönt hatte (s. auch Abb. 30); desgleichen der schon genannte Historiker Spießheimer oder, wie er sich nach Humanistenbrauch latinisierte, Cuspinian (1473 bis 1529), und vor allem der gleichfalls schon erwähnte Konrad Peutinger zu Augsburg. Er ist es ja auch, dem Celtes testamentarisch die von ihm in Tegernsee aufgefundene wichtige römische Straßenkarte übermacht hat, die davon die Peutingersche Tafel genannt worden ist.

Es konnte nicht ausbleiben, daß einerseits das nationale Interesse für deutsche Geschichte, andererseits die praktisch-historiographische Richtung des Kaisers die Humanisten auch auf die Schilderung der jüngsten Zeitereignisse lenkten. Von solchen Werken mag hier Pirckheimers Darstellung des Schweizerkrieges von 1499, den er selber mitgemacht hatte, hervorgehoben werden. Von Nürnberg ist auch die erste von huma-

Abb. 116. Das Rosenkranzfest. Mit dem Porträt Maximilians. 1506.
Gemälde von Albrecht Dürer für das deutsche Kaufhaus in Venedig. Jetzt im Prämonstratenserstift Strahow zu Prag.

Abb. 117. Aus dem „Triumphwagen" Maximilians von Albrecht Dürer: Der Kaiser.

Diſer nachgezeichneter Eren oder Triumph wagen/iſt dem allerdurchleuchtigſten Großmächtigſten herrn vnd ſambt Keyſer Maximilian/hochlöblicher gedechtnuß vnſerm allergnedigſten herrn zu ſondern eren erſunden vnnd verordent/vil zu vnderthenigem gefallen dem großmächtigſten in Regierenten Keyſer Carolo ꝛc. durch Albrecht Thürer deſelbſt zu das werd gebracht.

Erſtlich dieweyl jr Keyſerlich May. alle König vnd herren mit glori magnificenz eer/vnd würdigkeit vbertrifft/ ſo iſt der ſelb wagen vff vier eren reder/darauff jr Keyſerlich May.ſolcher vbertrefflichkeit halben billich empore geſetzt werden ſoll geſtelt. Nemlich auff Gloria · Magnificenciam · Dignitatem vnd honorem.

Nachvolgent ſind an den vier orten des wagens die vier angedingret/an ſtat vier ſeulen geſetzt. Nemlich Iuſticia Fortitudo·Prudentia·Temperantia. Auff welchen all ander tugendt jrn anfang vnd vrſprung haben/an die auch dem Reyſch oder herrn vollkomen ſein faſt oder mag. Dann wo die Gerechtigkeit. Nemlich ſtend des gemüts/der Vernunfft vnd Beſcheydenheit mangelt/faſt dein Reych beſtendig ſein.

Nach dem Moderatio / vnd Providentia der vernunfft am nächſten ſind / füren die ſelben zwo tugent die zwey nächſten pferd von der vernunfft/damit der trag mit rechtermaß vnd fürſichtigkeit ſeinen gang hat es mag.

PROVIDENTIA

MODERATIO

Abb 118. Aus dem „Triumphwagen" von Albrecht Dürer: Allegoriſche Tugenden.

Dieweyl auch diese vier zug nicht annennander henngen, vnd von ennander nit gschaiden werden mögen, alls wo ainr der selben manngelt, das die annder nit vollkommen sein köll. So sind die selbig wie vngeschiden mugen und beyeinander so muß man ſtreffen gefannen gefügt, vnd zusammen verschlossen. Nemlich der vnnd Juſticia greyffen vnd haben müſſig Dennkarnus, ſo hab ſie in der lincken hannde den krantz der Warheyt. In dem nach der Weyſſagkeyt vnd der rechten hannde greyfft, das tro der Warheyt mit ſchaid der Genedigkeyt mit ſtat haben. Die Weyſſagkeyt mag auch ſo ſie von der Warheyt vngeſchyet, nit ein Weyſſagkeyt genant werden.

Mit der rechten hannde greyfft Juſticia in den krantz Clementie, das zeygt an, daß die Genedigkeyt mit genannt zur ſtreng ſonder mit Mildigkeyt ſoll vermiſchet ſein. In diſen krantz iſt geſchriben der annder krantz Eyneheito, denn ſo weil alls die Genedigkeyt mit zuſchanpt ſein, alſo ſoll ſie auch mit alle vnnd, ſoll in allen ſachen zwey linde oder harnen herzog, ſonder Æqua vnd gleych ſein, an welche Gleychet der Genedigkeyt iſt beſtenn mag.

Die nachvolgenden zwey pfaerd werdt durch Alacritet vnd Oportunitatem gefürt. Darumb als weil ſich gezimpt daß an bequemer zyt der wagen für ſich gar, alſo gezaichet ſich auch, daß ſölliche ſölliche werdt mit ainer freydigkeyt beſchehe.

Abb. 119 Aus dem „Triumphwagen" von Albrecht Dürer: Allegoriſche Tugenden.

Daß damit diser wagen recht und wol gefürt werde/ ist Ratio gemacht/ an für einen fůrman und wagleyter ge-sagt/ darumb daß alle bestendige ding mit vernunfft gefůhret sollen. Die selbig Ratio hat auch zwen kryeg/ Eynn Nobilitas/ das ander Potestas/ angezeigt daß kay. Mt. alle Adelung und herren mit adel und macht überwunden hat.

Und auß daß die pferd so an den wagen gespant send/ nit als verstendtlige thier auff dem wege der Tugent hin lauffen/ sonder daß sie sůndtlich durch Vernunfft regiert werden mögen/ so hat ein yeglich pferd seine leytseyl vil halder/ damit es mit andern gantz noch lauffen můg/ daß was sich nach eygenschafft der selben regierlig gezeigt.

Und wie wol alle menschen nach dem willen gottes regiert werden/ auch daß sagen die weysen/ daß es sonderbaret das hertz des Adelungs in der handt gottes sey/ der das auch nach seinem gůtlichen wolgefallen wendt und kert/ darumb so hat vor der kayserlichen Mt. daß geschafft. Ja wann bei ein Ratio ist. Und für das war Car. ist ye unser predigkeyt ein hertz mit einer Lemam gemalet. Bedeut das edel hertz kayserlicher Mt. so mit allen tu-genden und eren geladen und gezygt geruert ist.

Darnach gan zwey pferdt die fůrigo für sich begeren/ werden durch Magnanimitatem vil bandiam regiert.

Abb. 120. Aus dem „Triumphwagen" von Albrecht Dürer: Allegorische Tugenden.

nistischem Geiste beseelte populäre Welt-
geschichte ausgegangen, des Hermann oder
Hartmann Schedel (1440—1514) liber
chronicarum, seine Weltchronik, die bis 1492
reicht und von 1493 an in verschiedenen
lateinischen und deutschen Ausgaben gedruckt

Maximilian nicht nur die alten Briefe und
Archivalien des habsburgischen Erzhauses
durchsah, sondern auch die historisch-poe-
tischen Entwürfe zu seiner eigenen Lebensgeschichte beriet. Doch blieb Peutingers
Verhältnis zu Maximilian jederzeit ein völlig

Abb. 121. Hans Burgkmair und seine Frau. Selbstbildnis in der k. u. k. Gemälde-Galerie zu Wien.
(Nach einer Photographie von J. Löwy in Wien.)

worden ist. Ihrer Verbreitung ist es nicht
wenig zu gute gekommen, daß sie sogleich die
junge Holzschneidekunst, wenn auch noch in
ziemlich primitiver Weise, in ihren Dienst
stellte (Abb. 10).

Am nächsten unter diesen Genannten steht
dem Kaiser wiederum Peutinger, mit dem

freies, mehr freundschaftliches und ist mit
dem der habsburgischen Historiographen nicht
auf die gleiche Stufe zu stellen. Rühmenswert
als Plan ist, daß Maximilian dem Conrad
Celtes die Mittel zu weiten Reisen gab, damit
dieser aus persönlicher Anschauung und aus
den ans Licht gezogenen Bibliothekschätzen

Lectio tertia.

Quasi cedrus exaltata sum in libano: et quasi cypressus in monte syon Quasi palma exaltata sum in cades: et quasi plantatio rose in iericho. Quasi oliua speciosa in campis: et quasi platanus exaltata sum iurta aquas in plateis sicut cynamomum et balsamum aromatizans odorem dedi. Quasi mirrha electa dedi suauitate odoris. Tu aute domine. Respon. Felir nam eine große Germania illustrata ſchaffe, welche Celtes freilich nie vollendet hat. Ihn und Spießheimer hatte der Kaiſer an die Wiener Univerſität berufen. Um deren moderne humaniſtiſche Umgeſtaltung aus einer geiſtlich-ſcholaſtiſchen Korporation hat Maximilian ſich erhebliche und auf die Hochſchulen anderer Territorien weiterwirkende

billig vervielfältigenden Holzſchnittes gemacht, ſondern ſein Popularitätsbedürfnis. Ganz ſyſtematiſch iſt der Plan ausgearbeitet und gutenteils ausgeführt worden, durch eine Reihe von ſchönen und großartigen, aber immerhin leichter zu verbreitenden Holzſchnittwerken die Verherrlichung des Hauſes und der Perſon Maximilians in

Abb. 123. Maximilian lernt Fechten. Aus den Holzſchnitten zum Weißkunig.

Verdienſte erworben, während eine ähnliche Einwirkung des Kaiſers auf die gleichfalls öſterreichiſche Hochſchule zu Freiburg nicht greifbar hervortritt.

Ähnlich, jedoch noch charakteriſtiſcher in ſeiner perſönlichen Abſicht ſtellt ſich Maximilians Verhältnis zu den Künſten dar.

Nicht ſo ſehr die knappen Geldverhältniſſe, wie man wohl gemeint hat, haben ihn anſtatt zum mäcenatiſchen Gönner der Ölmalerei vielmehr zum Hauptförderer des

weite Kreiſe des Publikums zu tragen. Den Reigen dieſer Werke eröffnet einleitend die „Genealogie", welche die habsburgiſchen und anderen „Ahnen" des Kaiſers, von Hektor, Priamus' Sohn, bis zu Friedrich III. mit Einſchluß von Maximilian ſelber umfaßt. Es ſind 77 geſtaltungsreiche Blätter, welche der berühmte Augsburger Hans Burgkmair (Abb. 121) gezeichnet hat, mit dem der Kaiſer ſeit 1510 in Verbindung ſtand. Dieſen Laiengeſtalten (Abb. 27) treten in den

„österreichischen Heiligen" die Heiligen aus der Sippenschaft des Kaisers zur Seite, abermals im verwegensten Sinne der Verwandtschaft. Sie sind das Werk des Augsburgers Leonhard Beck. Der „Freydal" (Abb. 136) enthält die Schilderung von Turnieren und Festlichkeiten, zu deren Mittelpunkt sich Maximilian machte. Während der „Weißkunig"

Gedanken und Neigungen ausschlaggebend mitbestimmten, ist unverkennbar und ganz neuerdings noch besonders beleuchtet worden durch den Nachweis von Prof. F. v. Wieser, daß der Mittelpunkt im Entwurf der Ehrenpforte nichts anderes ist, als eine künstlerische Erweiterung des alten Wappenturms in Maximilians Lieblingsstadt Innsbruck. Seit

Abb. 124. Die Familie des älteren Weißkunigs.

und „Teuerdank!" (s. u.) der mehr biographischen Erzählung vorbehalten wurden, sollten die „Ehrenpforte" und der „Triumphzug" die politischen Ereignisse aus dem Leben des Kaisers und dessen Regentenerscheinung darstellen. Den Plan der Ehrenpforte hat Albrecht Dürer in Gemeinschaft mit dem kaiserlichen Hofhistoriographen Johann Stabius entworfen. Wie sehr aber auch hier die Individualität des Kaisers, seine besonderen

1512 hat Dürer mit einigen Gehülfen an der großen Ehrenpforte gearbeitet, deren einzelne Blätter zusammengesetzt als fertiges Werk nach des Kaisers monströsem Plan die Gestalt eines mächtigen Triumphbogens haben sollten. 92 Einzelblätter sind fertig geworden und wurden nach dem Tode Maximilians, der den Künstler niemals bezahlt hat, einzeln verkauft (Abb. 33, 69, 72, 115). Der Kaiser hatte ihn, ebenso wie den Maler

Bernhard Strigel zu Memmingen, den eigentlichen Porträtisten des Kaiserhauses, mit Privilegien anstatt mit Barsummen entschädigt.

Für den „Triumphzug" hat Maximilian selbst die Einzelheiten festgestellt und danach zunächst von verschiedenen Meistern Vorlagen fertigen lassen, welche 1516 sämtlich fertig waren. Darunter befindet sich das Hauptstück des Zuges, der kaiserliche Wagen, als ein Entwurf von Dürers Hand (s. die Titelvignette auf S. 1). (Dürer hat übrigens, nach Ideen Pirckheimers, noch einen anderen, den sog. „großen" Triumphwagen als selbständiges Werk in 8 Folioblättern als Holzschnitt ausgeführt, Abb. 117—120). Von Dürer stammen auch die übrigen Festwagen und etliche sonstige Entwürfe. Die Hauptmasse der Blätter des Triumphzuges ist jedoch in Augsburg gearbeitet worden, wo

Hans Burgkmair allein 67 Blätter zeichnete, Leonhard Beck 7 solcher. Auf diese Weise ist ein gewaltiges und schönes Werk von 137 großen Blättern zur Ausführung gelangt. Alles, was je den Kaiser interessiert hat — und was hätte in diesem Kreise gefehlt? — sammelt sich im Zuge um ihn: nicht bloß aller Ritter- und Turniersport der alten Zeit, nicht bloß die Aufgebote und Fahnen der Reichskontingente (Abb. 136) und Nebenländer, nicht nur Landsknechte und neues Fußvolk jeglicher Art, sondern auch Jagd und Mummenschanz, Tanz und Patrizierfrauen, Wissenschaften und alle Techniken und die Allegorien all und jeglicher kaiserlicher und menschlicher Tugenden und Weisheiten dazu, gruppiert auf die gewaltigen Festzugswagen, in deren mechanischer Fortbewegung der erfindungsreiche Nürnberger Meister stets neue experimentelle Wunder vollbringt.

Abb. 125. Botensendung. Aus dem Weißkunig.

Abb. 120. Maximilian beim Briefschreiben. Aus dem Weißkunig.
Holzschnitt von Hans Burgkmair.

Albrecht Dürer ist auch sonst, um das hier einzuschieben, für den Kaiser mehrfach thätig gewesen. Dieser hatte sich ein Gebetbuch in nur 10 Exemplaren in Augsburg drucken lassen, sein Handexemplar hat hauptsächlich Dürer mit reizvollen Randzeichnungen geschmückt (Abb. 122), sechs weitere solche stammen von Lukas Kranach; drei andere erhaltene Exemplare weisen u. a. Federzeichnungen Hans Burgkmairs, Altdorfers, Hans Baldung-Griens auf. Das wichtigste für uns bleibt aber Dürers 1518 nach dem Leben gemachte Porträtzeichnung, welche dem Meister als Vorlage für seine weiteren Bildnisdarstellungen des Kaisers in Öl und Holzschnitt gedient hat (Abb. 114 und 137, sowie das Titelbild).

Den Plattnern, die für den Kaiser Harnische und Helme schmiedeten, ließ er für einzelne wertvoller auszuarbeitende Rüstungen durch Dürer und Hans Burgkmair Zeichnungen und Entwürfe liefern (Abb. 86). Die wichtigsten unter den Meistern dieses kunstvollen Handwerks zu Maximilians Zeit sind Lorenz Kolmann zu Augsburg († 1516), der 1490 oder 1491 Hofplattner wurde, und dessen Sohn Koloman Kolmann, der sich besonders in Helmen auszeichnete. Von den Nürnbergern ist Hans Grünwalt der hauptsächlichste, in Innsbruck Adrian Treitz, zu dessen Familie auch Treitz-Saurwein gehörte. Auch alle diese Meister mußten, wie Dürer und andere, inne werden, daß es nicht immer ein Glück war, von Maximilian Aufträge zu erhalten, sie kamen dabei zum Teil in beträchtliche Schulden.

Die Stückgießerei war besonders in Tirol daheim und wurde dort von Maximilian eifrig gepflegt. Das in allem kunstfertige Augsburg ist übrigens auch an dieser besonderen Innsbruker Feldzeug-Industrie nicht ohne Anteil, in Gestalt von allerhand Wechselbeziehungen der Gießer

8*

unb Künſtler, geblieben. Ein eigenes, handſchriftliches „Zeugbuch" des Kaiſers bewahrt die k. unb k. Hofbibliothek zu Wien (Abb. 84).

Man hat Kaiſer Maximilian den letzten Ritter genannt. Er war es inſofern, als er zu den letzten gehört, die mit Sinn und Phantaſie ſich noch ganz in die Ritterromane und Epen des Mittelalters, in deſſen Minneromantik und den Frauendienſt durch Abenteuer haben vertiefen dürfen. Ihn berührten dabei noch nicht die ſchneidende Luft, die alle Winkel auskehrenden Stürme des XVI. Jahrhunderts, welche Welt und Menſchen zwangen, modern zu ſein und vorläufig ausſchließlich der Gegenwart zu gehören. Und wie er alles trieb und können

wollte, ſo wollte er neben anderem allerdings auch vollkommener Ritter ſein und keinem Manne von des Artus Tafelrunde, noch dem König Artus ſelbſt an kühner Männlichkeit, an Turnierpreis und Abenturen nachſtehen.

Im übrigen hat ihm nichts ſo fern gelegen, als die überlebte Ritterzeit konſervieren oder gar künſtlich wieder herſtellen zu wollen. Die ſich auf allen Gebieten umgeſtaltende Zeit gehörte, wie ſchon geſagt wurde, dem Ritterweſen längſt nicht mehr. Sie gehörte den neuen Kräften und im Kriege der neuen Truppe der Fußknechte, ſowie den Feuerwaffen. Das Rittertum ſeinerſeits hatte überdies jeglichen Verſuch verſäumt, mit dem Neuen Fühlung zu behalten,

Abb. 127. Beratung mit Hauptleuten. Holzſchnitt Hans Burgkmaiers zum Weißkunig.

Abb. 126. Hinrichtung von Rädelsführern.
Aus dem Weißkunig.

es war, je mehr man erfand und anders machte, nur desto mehr erstarrt und hatte sich einem anspruchsvollen Schmollen überlassen. Immer unbehülflicher, immer schwerfälliger ward der einzelne Reisige; der Panzer von Mann und Roß und die Waffenrüstung zusammengenommen wurden eine schier erstickende Last. Übrigens geschah dies beständige Verstärken nicht etwa, weil man sich davon einen Schutz gegen die Feuerwaffe versprochen hätte, sondern lediglich aus dem Grunde, weil überhaupt alles in höchst einseitiger Weise immer nur für das Turnier vorbedacht und weiter entwickelt wurde. Für die wenigen und schematischen Ansprüche des Turnierkampfes (Abb. 108) waren die Ritter aufs fleißigste ausgebildet, dafür gerüstet und zur schweren, im Stoß möglichst gewichtigen Eisenmasse geworden. Im Felde aber wurden diese eng gereihten Panzermassen unbarmherzig von den un-

beschützten Fußkämpfern zusammen gedroschen, die — wie die älteren Eidgenossen — zum Siege über sie gar keiner Feuerwaffen bedurften.

Seit den großen Ruhmestagen jener Eidgenossen, seit den Hussitenkriegen und seit bald hier, bald da Söldnerhaufen zu Fuß in den Kriegen des XV. Jahrhunderts wichtig geworden, war es klar, wohin der Erfolg sich neigte, und Maximilian war Militär genug, daraus die volle Konsequenz zu ziehen. Auch Italien gab ihm Muster, wo das Condottierenwesen die Fußtruppen vielleicht überhaupt am besten bis auf diese Zeit durchgebildet hatte.

Schon bei Guinegate 1479 führte Maximilian wesentlich durch sein Fußvolk die Schlacht zum Siege. Seitdem hat er nie gerastet, eine seiner wichtigsten Aufgaben in der Ausbildung des Fußvolkes zu einer geordneten und durch geregelte Zucht beherrschten Truppe zu sehen und hat kaum etwas anderes im Leben so ernsthaft und fleißig betrieben. Der „Vater" der Landsknechte ist Maximilian in der That gewesen und die Organisation, die er ihnen gab, wurde ein Meisterstück. Übrigens: Die Deutung „Landsknechte" ist die einzig richtige, wenngleich in der mehr phonetischen Orthographie

habung und Ausbildung der Zucht und hätte ihrem Unwesen mit keinem besseren Erfolg Ziel und Schranke setzen können. Auch sonst, als Gesamteinrichtung und militärisch-sozialer Körperschaft, gewährte und schirmte er dem Landsknechttum diesen wertvollen Stolz ihrer Autonomie. Mit dem Reiche stand es flau und für die Einzel-

Abb. 129. Maximilian beim Fischfang.
Aus dem Weißkunig.

des XVI. Jahrhunderts gelegentlich ein Schreiber „Lantzknecht" schrieb. Lanzen wie die Turnierritter hatten die Landsknechte eben nicht, sondern Spieß, Schwert, Hellebarde oder Hakenbüchse. (Abb. 110—113.) Maximilian vermied bei der Einrichtung des Landsknechtswesens jeden Versuch von autokratischem Zwang. Es waren wilde, unbändige, oft heimatlose Gesellen und überdies querköpfige, viel räsonnierende Deutsche: da übertrug er ihnen selbst die Hand-

staaten organisierte er nicht: so begründete denn er die „Freiheit" der deutschen Knechte, welche trotz der nationalen Züge in ihrer Erscheinung und trotz eines starken deutschen Ehrgefühls doch weder zum Reiche noch zu den Einzelstaaten in einem festen Verhältnis standen. In diesem ihrem Wesen als unter Selbstverwaltung lebende, ihre Kriegsherren nach Belieben suchende Söldner haben sie die Schlachten des Zeitalters der Reformation geschlagen und sind erst nach mehr als einem Jahrhundert durch die Aufgabe abgelöst worden, die sich nunmehr das neue starke Landesfürstentum auf militärischem Gebiet setzte und notwendig setzen mußte. Diese Aufgabe war, eigene territoriale Armeen und stehende Truppen zu schaffen, aus denen dermaleinst in weiteren Umbildungen und Re-

Der Weißkunig (die sprachlich gewaltsame Bildung soll an „wissen" und „weise" denken lassen) ist ein Prosaroman und, soweit er überhaupt vollendet ist, von dem Innsbrucker Markus Treitz-Saurwein überarbeitet und nach des Kaisers Angaben verfaßt. Der alte Weißkunig ist Friedrich III., dessen Leben erzählt wird, der

Abb. 130. Maximilian ergründet die Kochkunst. Aus dem Weißkunig.
Holzschnitt von Hans Burgkmair.

formen das alle Glieder und Stände in gleicher vaterländischer Pflicht vereinigende nationale Heer, das Volk in Waffen hervorgehen sollte. —

Für den Weißkunig und den Teuerdank, die bekanntesten seiner eigenen oder halbeigenen Werke hat Kaiser Maximilian wiederum selber allerlei Entwürfe und buntes Material beigesteuert, wodurch freilich die mit der Redaktion betrauten Sekretäre ersichtlich oft ihre liebe Not gehabt haben.

junge, auf dessen Erziehung, Brautfahrt und Thaten die Erzählung dann als Hauptsache übergeht, Maximilian selber. Aus der Aufzählung und Schilderung dessen, was der junge Weißkunig alles kann und versteht, ersieht man in drastischer Weise, mit welcher Wichtigkeit sich Maximilian — und das paßt allerdings zu seiner ganzen Natur — in einem encyklopädischen Dilettantismus gefällt. Der Kaiser auf jedem einzelnen Gebiete kundig, auf den meisten überlegen —

Abb. 181. Melchior Pfinzing. Medaille im königl. Münzkabinett zu Berlin.

das ist das für uns beprimierende Ideal, welches dieser hohe Herr in sich von Menschenwert und Herrschergröße erarbeitet hat und worin er stecken geblieben ist! So fängt benn der junge Weißkunig, wenn er angelt, mehr Fische als andere, guckt in die Töpfe und unterweist den Koch, kuriert Rosse, wo kein Tierarzt mehr aus und ein weiß, kennt sich in Bergwerken und Metallen aus, schmiedet und schlossert wie keiner ꝛc. ꝛc., und wie alles andere, lernt und versteht er natürlich auch aufs allervor-

Abb. 132. Maximilian leitet einen Mummenschanz. Aus dem Weißkunig.
Holzschnitt von Hans Burgkmair.

trefflichste das Regieren, wovon als Hauptsach die „Secretarikunst", die zielbewußte Aktenmacherei sich dem erschrockenen Leser präsentiert.

1514 ist eine Reinschrift vom Weißkunig gemacht worden. Die meisten der Holzschnitte dafür zeichneten inzwischen Hans Werk ist 1515 begonnen und ein Nürnberger Geschlechtersohn, Melchior Pfinzing (Abb. 131), um die Verse zu machen, angestellt worden. Wer den Teuerdank nur von Hörensagen kennt, hat gewöhnlich eine gewisse romantische, ja poetische Vorstellung davon. Es ist aber auch ein Secretairwerk

Abb. 133. Morbanschlag auf Teuerdank (Maximilian.)
Holzschnitt der Ausgabe von 1517.

Burgkmair (über 100) und Leonhard Beck (etwa 125) und sorgten für die Übertragung aufs Holz. Dann aber blieb das Ganze liegen, bis man es erst 1775 gedruckt und mit den vorhandenen alten Holzstöcken illustriert hat.

Dagegen hat Maximilian den Teuerdank, die Schilderung seiner Brautfahrt, abgeschlossen und veröffentlicht gesehen. Das der hölzernsten und langweiligsten Art. Zugeben muß man, daß ein redlicher und tüchtiger Charakter aus dem Verfasser spricht, und zuweilen blickt auch wohl ein Stückchen von Maximilians eigener reicher Phantasie hinter den gleichförmigen Wendungen seines Helfers hervor, man möchte sagen, wie Königsbrokat hinter Sackleinwand.

Die Erzählung fängt an, wie's Märchen:

Ein unermeßlich reicher König hat eine einzige Tochter, ein Wunder von Tugend und Schönheit, und dem ausgezeichnetsten der zahllosen Freier, die das Leben daran wagen, soll sie gehören. Der König stirbt aber vor der Entscheidung, und Prinzessin Ehrenreich ersieht aus dem Testament, daß nur der Ritter Teuerdank ihrer würdig ist. Sie sendet zu ihm, und er macht sich flugs auf, nur hat er das Bedürfnis, schon um seines Namens willen („der auf Abenteuer denkt"), unterwegs sich noch mit recht viel tapferen Thaten aufzuhalten, um ihrer würdiger zu werden. Diese seine Absicht unter-

Abb. 134. Teuerdank (Maximilian) bei einem Jagdabenteuer.
Holzschnitt von Hans Schäuffelin.

wagen, soll sie gehören. Der König stirbt aber vor der Entscheidung, und Prinzessin Ehrenreich ersieht aus dem Testament, daß nur der Ritter Teuerdank ihrer würdig ist. Sie sendet zu ihm, und er macht sich flugs auf, nur hat er das Bedürfnis, schon um stützen die neidischen Großen an Ehrenreichs Hofe aufs redlichste und werben drei Hauptleute gegen ihn an: den Fürwittig, Unfalo und Neidelhart. Teuerdank besteht aber all deren Hinterlist und Machenschaften mit Glanz und beneidenswerter Ausdauer, gelangt mit dem getreuen Knappen Ernhold zu der Ersehnten, überwindet dort noch sechs Ritter im Turnier und fügt auf Ehrenreichs Wunsch und auf die Mahnung eines himmlischen Boten noch einen Krieg gegen den ins Land gebrochenen Feind des christlichen (ein gutes Dutzend) und Anderer zuerst 1517 in prächtigem Privatdruck auf Pergament, dann 1519 und 1537 auch im Buchhandel. Alle diese großen Holzschnittreihen, welche die von Maximilians Person und Einfluß getragene Höhenentwicklung des deutschen

Abb. 135. Teuerdank (Maximilian) gefährdet durch ein Pulverschiff.
Holzschnitt von Hans Schäuffelin.

Glaubens hinzu (das ist der Türkenkrieg, Maximilians zeitlebens gehegter, in alles hineingemengter und doch nie zu konkreten Vorbereitungen geförderter Traum), worauf sie dann die seine wird. (Abb. 133—135.)

Der Teuerdank erschien mit schönen Holzschnitten Hans Schäuffelins (etwa 20), Leonhard Becks (76), Hans Burgkmairs Illustrationsdrucks im XVI. Jahrhundert darstellen, sind neuerdings aus den kaiserlichen Schätzen zu Wien in den Bänden des Wiener „Jahrbuchs der kunsthistorischen Sammlungen des ah. Kaiserhauses" systematisch neu herausgegeben worden. —

Aus der inneren Geschichte des Reiches unter Maximilian ist hier noch zu bemerken, daß auf den Reichstagen zu Trier und Köln 1512 die Reichsreform wieder in Fluß gekommen war. Eben (S. 82) war schon von Reichskreisen die Rede, jedoch lediglich als von Wahlbezirken für das inzwischen verschollene Reichsregiment. Wenn man welche damals zum dringlichsten Schlagwort der öffentlichen Meinung geworden war. König Albrechts Absicht war, Landfrieden und Rechtspflege auf Kreise aufzubauen, welche Verfassungskörper des Reiches, gebildet auf ständischer Grundlage, sein sollten.

Abb. 156. Abbildung einer Seite aus dem Werke Freydal: „Mummereien.“
Original im k. u. k. kunsthistorischen Hofmuseum zu Wien.

sie nun 1512 von neuem herstellte, so ging man jetzt wieder auf diejenigen Gedanken zurück, die mit dem Begriff „Reichskreise“ verbunden gewesen waren, als er zum erstenmale auftauchte. Dies war unter Albrecht II. gewesen, dem allzufrüh verstorbenen deutschen Herrscher, der nach der elenden Regierung Kaiser Sigismunds mit Ernst und klugen Plänen an die „Reichsreform“ ging, Eben hierzu kehrte man jetzt zurück. Waren 1500 bei den damals eingerichteten sechs Reichskreisen, ihrer nur auf das Regiment bezüglichen Absicht nach, die kaiserlichen und die kurfürstlichen Lande außer Spiel gelassen, so blieben jetzt nur das entfremdete Reichsland Böhmen und seine Nebenlande Mähren und Schlesien uneingekreist. Man richtete demgemäß statt sechs nunmehr zehn

Kaiser Maximilian I. Von Hans Burgkmair, in Helldunkelschnitt ausgeführt von Jost de Negker. Einfarbige Wiedergabe des Exemplars im Königl. Kupferstich-Kabinett in Berlin.

Kreise ein, die also wirklich das Reich, mit alleiniger Ausnahme jener vorläufig noch von einer fremden Dynastie beherrschten Länder, enthielten und als Verfassungs- und ständische Selbstverwaltungskörper gliederten: einen österreichischen, burgundischen (auch hier war ja zumeist altes Reichsland darin), kurrheinischen, obersächsischen, fränkischen, bayerischen, schwäbischen, oberrheinischen, nieder-

dem Augsburger Reichstag gewesen, der recht kühl gegen des Kaisers noch einmal wieder sehr lebhaften Plan des Türkenkreuzzugs beschied. Auch seinen Enkel Karl, den Erben von Burgund, Kastilien und Aragonien, wollte man nicht zum römischen König ihm zu Liebe wählen. Noch einmal führte der Kaiser, wie er immer so gerne gethan, die Augsburger Patrizierfrauen im Tanze, aber er

Abb. 137. Holzschnittbildnis Maximilians von Albrecht Dürer aus dem Jahre 1519.

rheinischen, westfälischen und niedersächsischen Kreis. Mit 1521 noch hinzugefügten Änderungen hat diese Organisation bis 1803 bestanden, und je mehr das Reich in Agonie versank, haben wenigstens diejenigen Kreise, in denen seine einzelne Landesherrlichkeit bestimmt überwog, in erster Reihe der schwäbische, noch späterhin ein gewisses politisches Leben solidarisch verbundener Reichsstände dargestellt.

Im Jahre 1518 war Maximilian auf

brachte die rechte Freude nicht mehr auf, und als er am 28. August davon und übers Lechfeld ritt, winkte er wehmütig hinüber und sagte: „Segne dich Gott, liebes Augsburg, und alle frommen Bürger darin! Wir haben wohl manchen guten Mut in dir gehabt, wir werden dich nun nicht mehr wiedersehen!"

Der Kaiser war schon fort, als Luther auf dem Reichstage eintraf. Die Versuche, die man wohl gemacht hat, sind müßig:

Abb. 138. Gruppe aus dem Triumphzug.

als ob sich zarte innere Fäden zwischen
beiden angewoben hätten, die nur die
Parze des Todes zu früh durchschnitten.
Gerade zur Zeit des Augsburger Reichstages war Maximilian mehr wie je auf
den römischen Stuhl angewiesen. Man hielt
seinen Hoffnungen, Karl von Spanien zum
König wählen zu lassen, als Haupteinwand
entgegen: nur neben dem gekrönten Kaiser
könne man einen römischen König haben,
Maximilian aber heiße wohl Kaiser, sei es
jedoch nicht in herkömmlicher Weise durch
den Papst geworden. So war er auf Verhandlungen mit Rom und die Erlangung
irgend einer ergänzenden Legitimation durch
das Entgegenkommen Leo's X. angewiesen,
wozu es freilich nicht mehr kam. Auch die
Idee eines Türkenkreuzzuges der universalen
Christenheit band ihn an den Papst und ließ
ihn einen umsichgreifenden kirchlichen Lehr-
streit nur als Störung empfinden. — Kaiser
Maximilian und Luther haben überhaupt
nichts miteinander zu thun und sind so ver-

schiedene Leute wie nur möglich. Mit Recht
hält es Ulmann, dem wir ein wertvolles
zweibändiges Werk über diesen Kaiser verdanken, für so gut wie gewiß, daß Maximilian zu der ganzen Angelegenheit des
Wittenbergers keinerlei innerliches Verhältnis
gewonnen hatte.

Die Augsburger Versammlung war
ein Reichstag unendlicher Gravamina und
Beschwerden, für die man doch keine Ab-
hülfe wußte. Greller denn je, zeigte sich
hier, daß die oberste Gewalt im Reiche ihr
Amt nicht mehr erfüllte, aber auch: daß
man ihr die Möglichkeiten dazu entwunden
hatte. Eben diejenigen Bestandteile, die
darüber jetzt am meisten klagten, hatten
zum Teil am eifrigsten dazu gethan, daß
es so geworden war. Wie wir schon oben
gesagt haben: die kaiserliche Monarchie war
überhaupt dahin; aus ihren kläglichen Über-
resten hätte sie auch ein stärkerer und ent-
schlossenerer Herrscher, als Maximilian war,
nicht wieder herstellen können. Darum darf

man diesen auch nicht völlig verurteilen, daß er es versäumt hat, auf Grund der Sachlage, wie sie war, an der Spitze der reichsständischen Aristokratie eine bewußte und kraftvolle nationale Politik zu führen.

Am 12. Januar 1519 ist der Kaiser, noch nicht 60jährig, unterwegs zu Wels verschieden. In Wienerisch-Neustadt, wo er auch geboren war, liegt er in der Kirche Sankt Georgs, der als ein rechter Heiliger im Leben vor ihm gestanden, prunklos begraben.

Wir dürfen ihn darum nicht geringer als andere schätzen, weil er nichts verbarg und nicht posierte. Gerade, daß er so unmittelbar und tapfer war, das hat ihn unserem Volke wert gemacht. Die deutsche Nation empfand viel von ihrer eigenen Art in ihm; Maximilian verkörpert mit einem guten Teil seines Wesens manches von den allgemeinen Vorzügen und Schwächen unserer Geschichte. Ihn als einen Patrioten, als einen Erneuerer des Reiches anzusehen, wie man vor Zeiten gethan hat, ist nicht zulässig; was errichtet wurde als fürs Reich und was überhaupt sich mit dem XVI. Jahrhundert auf politischem und kirchlich-religiösem Gebiet an Neuem und Deutschem regt, ist fast alles ohne ihn geschehen und aufgekommen. Vieles, ja sehr vieles hat Kaiser Maximilian I. in seinen bunten Plänen und durch ungewöhnliche Glücksfälle für Österreich erlangt. Dadurch, daß er die österreichisch-burgundisch-spanische Verbindung

Abb. 139. Titelblatt aus Maximilians Ambraser Heldenbuch.
Original im k. und k. kunsthistorischen Hofmuseum zu Wien.

Abb. 140. Kaisergrab. Aus dem Weißkunig.

unter habsburgischem Scepter herstellen konnte, hat er den Jahrhunderten der mit ihm beginnenden „neueren Geschichte" ihren Inhalt vorgezeichnet. Freilich konnten dieser kommende Inhalt und diese Interessen der habsburgischen Zukunft nur noch europäische, keine deutschen mehr sein. Insofern und im Gegensatze zu den Nachfolgern aus seinem Hause ist es richtig und daneben allerdings auch im eigenen tieferen Charakter Maximilians begründet, wenn von der Erinnerung der Nachlebenden seine Persönlichkeit als die eines letzten Kaisers von alter deutscher Art empfunden und aufgefaßt worden ist.

Du hauest euerzgren in deinen leben
Darumb der gut gejz aung freüd der geben

Berichtigung: (S. 96) Abb. 107. Fackeltanz. Formschnitt für Maximilians Freydal.